"十四五"时期国家重点出版物出版专项规划项目

深中通道建设关键技术丛书

国家重点研发计划项目（2018YFC0809602）

广东省重点领域研发计划项目（2019B111105002）

海洋环境下沉管隧道深层水泥搅拌（DCM）复合地基与垫层组合基础关键技术

宋神友　付佰勇　陈伟乐　王啟铜　徐国平◎著

人民交通出版社股份有限公司

北京

内 容 提 要

本书依托深中通道沉管隧道,创新性提出了"DCM复合地基+块石振密+碎石垫层"组合基础的沉管隧道软基处理新方案,揭示了海底沉管隧道软弱地基深层水泥搅拌桩加固变形机理和模量随时间的增长效应规律,创建了可综合考虑碎石垫层纳淤、块石振密、搅拌桩时间效应的基础沉降分析方法,解决了采砂坑厚软基地层快速加固与控制槽底浮泥基槽开挖偏差及掉渣影响消除的技术难题。

本书可供隧道专业建设、研究、设计、施工人员参考。

图书在版编目(CIP)数据

海洋环境下沉管隧道深层水泥搅拌(DCM)复合地基与垫层组合基础关键技术/宋神友等著. — 北京:人民交通出版社股份有限公司,2023.10
ISBN 978-7-114-18626-4

Ⅰ.①海… Ⅱ.①宋… Ⅲ.①沉管隧道—地基—基础(工程)—中国 Ⅳ.①U459.9

中国国家版本馆 CIP 数据核字(2023)第 027219 号

Haiyang Huanjing xia Chenguan Suidao Shenceng Shuini Jiaoban (DCM) Fuhe Diji yu Dianceng Zuhe Jichu Guanjian Jishu

书　　名:	海洋环境下沉管隧道深层水泥搅拌(DCM)复合地基与垫层组合基础关键技术
著　作　者:	宋神友　付佰勇　陈伟乐　王啟铜　徐国平
责任编辑:	崔　建
责任校对:	赵媛媛　魏佳宁
责任印制:	张　凯
出版发行:	人民交通出版社股份有限公司
地　　址:	(100011)北京市朝阳区安定门外外馆斜街 3 号
网　　址:	http://www.ccpcl.com.cn
销售电话:	(010)59757973
总 经 销:	人民交通出版社股份有限公司发行部
经　　销:	各地新华书店
印　　刷:	北京印匠彩色印刷有限公司
开　　本:	787×1092　1/16
印　　张:	11.5
字　　数:	252 千
版　　次:	2023 年 10 月　第 1 版
印　　次:	2023 年 10 月　第 1 次印刷
书　　号:	ISBN 978-7-114-18626-4
定　　价:	50.00 元

(有印刷、装订质量问题的图书,由本公司负责调换)

丛书编审委员会

总 顾 问：周 伟　周荣峰　王 太　贾绍明
主 　 任：邓小华　黄成造
副 主 任：职雨风　吴玉刚　王康臣
执行主编：陈伟乐　宋神友
副 主 编：刘加平　樊健生　徐国平　代希华　潘 伟　吕卫清
　　　　　吴建成　范传斌　钟辉虹　陈 越　刘亚平　熊建波
专家组成员：
　综合组：
　　　　　周 伟　贾绍明　周荣峰　王 太　黄成造　何镜堂
　　　　　郑健龙　陈毕伍　李 为　苏权科　职雨风　曹晓峰
　桥梁工程组：
　　　　　凤懋润　周海涛　秦顺全　张喜刚　张劲泉　邵长宇
　　　　　陈冠雄　黄建跃　史永吉　葛耀君　贺拴海　沈锐利
　　　　　吉 林　张 鸿　李军平　胡广瑞　钟显奇
　岛隧工程组：
　　　　　徐 光　钱七虎　缪昌文　聂建国　陈湘生　林 鸣
　　　　　朱合华　陈韶章　王汝凯　蒋树屏　范期锦　吴建成
　　　　　刘千伟　吴 澎　谢永利　白 云
　建设管理组：
　　　　　李 斌　刘永忠　王 璜　王安福　黎 侃　胡利平
　　　　　罗 琪　孙家伟　苏志东　代希华　杨 阳　王啟铜
　　　　　崔 岗　马二顺

本书编写组

组　　长：宋神友　付佰勇　陈伟乐　王启铜　徐国平
参与人员（以姓氏笔画排序）：

深中通道管理中心
刘　迪　刘　健　刘晓锋　许晴爽　张长亮　陈　越
金文良　夏丰勇

中交公路规划设计院有限公司
许　昱　姬　海　黄清飞

上海市隧道工程轨道交通设计研究院
贺春宁

中交第一航务工程局有限公司
王　强　宁进进　李　进

中交第四航务工程局有限公司
黄文慧

中交天津港湾工程研究院有限公司
寇晓强

中交公路长大桥建设国家工程研究中心有限公司
师启龙　励彦德　韩冬冬

序

深中通道作为集"桥、岛、隧、水下互通"于一体的世界级跨海集群工程，是粤港澳大湾区战略性通道，也是国家"十三五"规划重大工程项目。它的建成将进一步完善粤港澳大湾区综合立体交通网络，促进珠江口东西两岸协同发展，推动粤港澳大湾区城市群深度合作进一步走深走实。

深中通道处于珠江口内伶仃洋海域，全长约24km，其中海底隧道长6.8km（沉管段长5035m）。沉管隧道是世界首例双向八车道钢壳混凝土沉管隧道，其西侧位于长约1.4km的挖砂坑范围内，沉管基础处理面临着深厚淤泥层、局部砂土液化、基槽回淤强度大等复杂建设条件的挑战。

软土地基的沉降控制是一项世界性技术难题，涉及软土性质、卸载再加载、回淤、基槽开挖偏差、施工扰动等多种不利因素耦合影响。沉管隧道基础处理的优劣与沉降控制水平直接影响管节结构与接头受力安全。国内外沉管隧道工程由于基础处理不当导致的沉管隧道结构破坏、差异沉降及渗漏水问题时有发生。海上深层水泥搅拌桩是沉管隧道地基处理的可行方案之一，但限于施工装备的技术封锁，在我国一直未得到广泛应用。近年来，随着海上施工装备国产化进程取得突破，海上深层水泥搅拌桩的应用空间已经打开。

为攻克海底沉管隧道海相深厚淤泥层基础沉降建设难题，在国家重点研发计划项目"涉水重大基础设施安全保障技术研究与工程示范"课题二"不良地质条件下海底沉管隧道病害诱发机理与防控技术"及广东省重点领域研发计划项目"复杂海洋环境下沉管隧道建设关键技术"的研究成果支撑下，深中通道沉管隧道建设中，创新性提出了"DCM复合地基＋块石振密＋碎石垫层"组合基础新技术，研发了深层水泥智能搅拌装备及成套施工工艺，完成了70余万立方米的海上深层水泥搅拌桩施工，并通过一系列卓有成效的试验，包括海上深层水泥搅拌桩现场工艺及取芯试验、原位荷载板试验、陆地块石层振密试验、碎石垫层变形模量测试及回淤影响试验等，验证了设计方案的合理性。回填荷载全部施加后的沉降监测数据表明，深中通道沉管隧道总沉降和差异沉降均满足设计要求，达到了世界同类沉管隧道沉降控制的最优水平。

深中通道沉管隧道基础处理与沉降控制的成功，凝聚了业主、设计、科研、施工等单位的辛劳与匠心。依托上述科研项目和工程实践形成的专著——《海洋环境下沉管隧道深层水泥搅拌（DCM）复合地基与垫层组合基础关键技术》，更是深中通道众多建设者智慧的结晶，它详细记录了"DCM复合地基＋块石振密＋碎石垫层"组合基础新技术攻关的全过程，数据丰富翔实，是我国沉管隧道基础处理领域中一部非常实用的技术专著，值得相关专业人员参考阅读。

本人有幸作为专家组成员多次参加深中通道沉管隧道相关问题的技术评审，对整个项目的情况有所了解。项目参建各方所采用的实事求是、大胆试验、小心求证、理论提升、验证应用的工作方法具有特色，非常有效。由此形成的"DCM复合地基＋块石振密＋碎石垫层"组合基础的沉降控制技术具有先进性和良好的应用前景，相信本书的出版必将对我国沉管隧道基础处理技术提升与进步起到积极的推动作用。

交通运输部原总工程师

2023年3月23日

前　言

深中通道沉管隧道是我国首座采用海上深层水泥搅拌桩作为地基加固方案的沉管隧道，全线共完成深层水泥搅拌桩加固70余万立方米。在项目开始之初，沉管隧道西岛斜坡段E1~E5管节基础设计面临着采砂坑、厚软基、大回淤、纵横向地层与荷载差异大等不利建设条件的挑战，在国家重点研发计划课题"不良地质条件下海底沉管隧道病害诱发机理与防控技术"（课题编号：2018YFC0809602）的支持下，深中通道管理中心与设计、施工、科研等各单位紧密配合，创新性提出了"DCM复合地基+块石振密+碎石垫层"组合基础的沉管隧道软基处理新方案，开展了深层水泥搅拌桩原位深水荷载板试验、陆地块石振密试验、室内碎石垫层变形模量测试等大量试验验证工作，揭示了海底沉管隧道软弱地基深层水泥搅拌桩加固变形机理和模量随时间的增长效应，建立了可综合考虑碎石垫层纳淤、块石振密、搅拌桩时间效应的基础沉降分析方法，解决了采砂坑厚软基地层快速加固与基槽开挖偏差及掉渣影响消除的技术难题。同期的沉降监测表明，沉降控制效果优于国内外同类工程。

本书系统地总结了深中通道"DCM复合地基+块石振密+碎石垫层"组合基础设计、试验、施工、监测与反分析等方面的研究成果，是集所有参建单位的专家、学者集体智慧的结晶。本书编写单位有深中通道管理中心、中交公路规划设计院有限公司、上海市隧道工程轨道交通设计研究院、中交第一航务工程局有限公司、中交第四航务工程局有限公司、中交天津港湾工程研究院有限公司、中交四航工程研究院有限公司、中交公路长大桥建设国家工程研究中心有限公司等。

感谢龚晓南院士、陈韶章教授级高工、杨光华教授级高工等国内著名专家对本书编写给予的指导。希望本书能为后续类似工程提供有益借鉴。因作者水平有限，书中难免有不足之处，敬请读者不吝指正。

作　者
2023年3月

目 录

第1章 绪论 ·· 1
 1.1 沉管隧道沉降影响因素及典型案例调研 ··· 1
 1.2 国内外沉管隧道基础处理技术发展概况 ··· 3
 1.3 国内外深层水泥搅拌(DCM)技术发展概况 ··· 5
 1.4 深中通道沉管隧道基础处理的挑战和解决方案 ·· 7

第2章 DCM复合地基+块石振密+碎石垫层组合基础设计 ·· 15
 2.1 深中通道西岛斜坡段地质条件概述 ·· 15
 2.2 基础设计的边界条件 ·· 23
 2.3 DCM复合地基+块石振密+碎石垫层组合基础设计方案 ·· 29

第3章 DCM复合地基+块石振密+碎石垫层组合基础的系列试验验证 ······································ 35
 3.1 现场配合比及强度试验研究 ··· 35
 3.2 DCM复合地基原位荷载板试验 ··· 44
 3.3 块石垫层陆地振密试验研究 ··· 59
 3.4 考虑纳淤影响的碎石垫层模量测试 ··· 68

第4章 DCM复合地基+块石振密+碎石垫层组合基础施工工艺及现场实施 ································ 80
 4.1 DCM施工工艺及装备开发 ·· 80
 4.2 块石振密施工工艺及装备组装 ·· 90
 4.3 碎石垫层施工工艺及装备研发 ·· 97

第5章 DCM复合地基+块石振密+碎石垫层组合基础沉降监测与反分析 ··································· 100
 5.1 沉降监测方案 ··· 100
 5.2 沉降监测数据 ··· 101
 5.3 监测成果反分析 ·· 101

第6章 DCM复合地基+块石振密+碎石垫层组合基础理论提升 ··· 133
 6.1 DCM复合地基受力机理研究与提升 ·· 133
 6.2 DCM复合地基设计计算方法的理论提升 ··· 151
 6.3 考虑时间效应的长期沉降预测研究 ··· 158

第 7 章	总结与展望	161
7.1	主要结论	161
7.2	未来展望	162

参考文献 ······ 163

第1章 绪 论

1.1 沉管隧道沉降影响因素及典型案例调研

凭借埋深浅、地质适应能力强、两岸接线短及对岸线环境影响小等优势,沉管隧道法已成为修建跨江越海通道的重要工法,并在城市水下隧道工程中得到了广泛应用。自1910年美国在底特律河用沉管法修建了第一座用于交通运输的水下隧道起,截至2022年底,全世界已建成的沉管隧道数量已经超过100座。1993年,我国首次自主建成了穿越珠江的珠江隧道,仅用4个月完成了全部沉管沉放,在沉管隧道施工方面积累了经验,培养了人才。随后的近30年内,国内又陆续建成了宁波甬江隧道(1995年)、上海外环隧道(2003年)、天津中央大道海河隧道(2014年)、港珠澳大桥岛隧工程(2017年)等规模不断刷新世界纪录的沉管隧道,标志着我国在沉管隧道建设技术方面,正式步入世界先进国家行列。随着建成的沉管隧道数量不断增加,特别是在不同地质环境下修建沉管隧道,出现了一些过去不太被注意的问题,其中沉降就是其中关键共性问题之一。

沉管隧道的沉降以前并未引起工程技术人员的注意,主要原因在于,一般都认为沉管隧道的主要风险来自其上浮,因而计算和构造措施也主要针对于此。由于对沉管隧道抗浮设防的重视,采取了多种施工措施,使上浮问题得到了较好解决。但是根据沉管隧道的长期运营监测结果,发现运营期的沉降实测值远大于理论预测值,而隧道结构开裂、渗漏等病害与沉降过大关系紧密,过大的绝对沉降和不均匀沉降会使管节结构和接头受力变形超过允许值而发生破坏。表1-1梳理了国内外沉管隧道运营期绝对沉降和不均匀沉降数据及沉降原因。

国内外沉管隧道运营期绝对沉降和不均匀沉降数据及沉降原因　　表1-1

序号	案例名称	地质条件	最大沉降量(mm)	首尾最大沉降差(mm)	接头最大沉降差(mm)	沉降产生原因
1	加拿大温哥华DeasIsland隧道(1959年)	可压缩性淤泥土层	100	55	55	基槽回填再压缩
2	荷兰鹿特丹Benelux隧道(1967年)	上部为软弱土和泥炭土,下部为砂土	121	61	66	基槽回淤
3	比利时安特卫普Kennedy隧道(1969年)	黏土层,回淤严重	186	84	54	回淤、基槽回填再压缩、潮汐影响

续上表

序号	案例名称	地质条件	最大沉降量(mm)	首尾最大沉降差(mm)	接头最大沉降差(mm)	沉降产生原因
4	丹麦奥尔堡Limfjord隧道(1969年)	上部为软弱的淤泥,下部为密实砂土和黏土	119	43	25	地基土侧向屈服、超量开采地下水、砂土层上部压缩及潮汐影响
5	德国汉堡Elbe隧道(1974年)	冰渍土	119	65	23	回填土厚度不同导致沉管结构受到的荷载不同
6	美国汉普顿2号隧道(1976年)	0~40m为淤泥质黏土和砂土,40m以下为细砂	250	—	—	基础层调整和压缩,地基土较差
7	瑞典哥德堡Tingstad隧道(1994年)	部分区段穿越软黏土层,部分区段穿越坚硬泥质板岩	162	—	—	地层不同、超载不同
8	中国宁波甬江隧道(1995年)	0~20m为淤泥质土,20m以下为中细砂	83	—	—	运营期基槽回淤严重
9	中国上海外环隧道(2003年)	软弱饱和土层,承载力低且不均匀,回淤量大	310	245	—	运营期基槽回淤严重、承载力不均

引起沉管隧道沉降的原因较多,可归类为如下四类。

(1)地质不均匀:地基土层条件不同显然会影响沉管隧道工后沉降的大小,从而导致差异沉降。如瑞典哥德堡Tingstad隧道,由于部分区段穿越软黏土层,部分区段穿越坚硬泥质板岩,产生差异沉降。

(2)附加荷载不同:沉管隧道覆土厚度不同,导致沉管结构受到的荷载大小不一,引发差异沉降。德国汉堡Elbe隧道由于隧道覆土厚度沿隧道横向有较大的变化,使得隧道接头处产生较大的力矩,导致管段接头的剪切栓开裂。此外,随着经济的快速发展,交通量远超过早期预测值,这部分荷载导致的沉降不容忽视。

(3)泥沙回淤影响:在沉管隧道施工及运营过程中,泥沙回淤对沉降都会产生影响。施工开挖对槽底土体的扰动以及基槽中淤泥的沉积是不可避免的,这样会在基槽底部形成一层性质较差的软弱土层。该土层对隧道的长期沉降有较大的影响。运营期的泥沙淤积一直是困扰水下构筑物的一个难题。在有些沉管隧道附近,泥沙淤积深度可达数米,而这部分回淤作为附加荷载也将导致隧道沉降。

(4)潮汐作用:修建在江河下游和港湾、外海地区的沉管隧道,每天会受到周期性的涨落潮影响,如比利时安特卫普的Kennedy隧道,岸边墙附近的隧道管段每天在高、低平潮时刻的沉降差值达到10mm左右,而河中央的隧道管段每天在高、低平潮时刻的沉降差高达20mm;国内宁波甬江隧道,高、低平潮时刻沉降差一般可以达到3~5mm。

目前,我国沉管隧道修建技术在水位比较稳定的河道和海湾中应用较广,但对于水位季节性变化大的江河和大风大浪海洋环境下沉管隧道的修建技术,仍缺少系统性的总结和施工指南。近年来,随着外海深埋长大沉管隧道工程逐渐增多(以港珠澳大桥、深中通道、大连湾隧道为代表),其上部回淤荷载大,下部地基软弱,更加大了人们对沉降问题的重视。如何合理选择地基处理方案,制定合理的沉降控制标准,合理计算预测沉管隧道沉降量并避免病害,成为沉管隧道建设中需慎重研究解决的问题。

1.2 国内外沉管隧道基础处理技术发展概况

沉管隧道的基础处理是通过水下铺填材料实现海床土体与隧道结构传力连接的重要环节。由于沉管结构重量较轻且受到水的浮力,完工后基底处荷载相比开挖前一般会有所减少,起初工程界普遍认为沉管隧道对地基基础处理的要求较低,但事实上,基础处理与隧道的沉降状态直接相关,对运营的安全可靠性有较大影响,因此,在百余年的沉管隧道建设历史中,基础处理技术的发展扮演着重要角色。表1-2梳理了国内外典型沉管隧道工程及其基础处理方式,可根据对宽度的适应能力划分为前后两个阶段。20世纪早期,伴随着沉管法在北美地区的应用,刮铺法和灌砂法的发明是第1代基础处理工法诞生的标志,也是先铺法、后填法两类工法的开端。先铺法与后填法属于第1代工法,对底宽较小的管段尤其是北美早期圆形、八角形、花篮形钢壳隧道较为适用,例如 LaSalle 街隧道(1912年,宽12.5m)、Posey沉管隧道(1928年,直径11.3m)采用灌砂法,汉普顿1号隧道(1957年,直径11.25m)、旧金山海湾快速交通隧道(1970年,宽14.58m)采用刮铺法。

国内外典型沉管隧道工程及其基础处理方式　　　　表1-2

名　称	沉管段长度(m)	管节尺寸(m)	基础处理方式	主要特点	建成年份	所在国家
底特律河隧道	782	78.2×17×9.4,10节	水下混凝土法	首座交通沉管隧道	1910	美国
马斯河隧道	584	61.35×24.77×8.4,9节	喷砂法	首座矩形混凝土沉管隧道,首座喷砂法隧道	1942	荷兰
汉普顿1号隧道	2091	$L91.5×\phi 11.25$,23节	刮铺法	首座桥岛隧组合集群隧道	1957	美国
迪斯岛隧道	629	104.9×23.8×7.16,6节	喷砂法	首座水力压接法与柔性接头隧道	1959	加拿大
廷斯泰得隧道	454	93.5×29.9×7.3,5节	灌囊法	首座灌囊法隧道	1968	瑞典
斯特尔特河隧道	510	115×47.85×10.1,5节	喷砂法	河水流速高,潮位差大,回淤严重	1969	比利时
东京港第一航道隧道	1035	115.8×37.4×8.8,9节	压浆法	首座压浆法隧道	1976	日本
海姆斯普尔隧道	1475	268×21.43×8.7,7节	压砂法	单节管节最长,首座管外压砂法隧道	1980	荷兰
多摩川隧道	1549.5	128.58×39.9×10,12节	压浆法	最长的后填法基础隧道	1994	日本
厄勒海峡隧道	3510	178×38.8×8.6,20节	碎石整平法	首座碎石整平法隧道,分节段全断面浇筑自防水	2000	丹麦、瑞典
马尔马拉隧道	1387	135×15.3×8.6,11节	压浆法	水深最深,海流复杂,抗震要求高	2008	土耳其
港珠澳大桥沉管隧道	5664	180×37.95×11.4,33节	碎石整平法	水深较深,上覆回淤最大,总长度最长	2018	中国

3

随着隧道交通量的不断增加,对沉管隧道管节车道数和断面宽度的要求也相应提高,但灌砂法的喷砂管不能将矩形宽断面隧道中部的空隙充填密实,刮铺法装置对底宽 15m 以上的管段刮平所需设备的规模和牵引力过大,第 1 代工法对于断面宽度大的隧道基础施工存在困难。为克服这一缺陷,第 2 代基础处理工法得以发明并广泛应用。其中,喷砂法最早由一家丹麦公司在第 1 座矩形混凝土沉管隧道——荷兰马斯河沉管隧道(1942 年,宽 24.77m)建设中提出,碎石整平法是一家荷兰承包商在厄勒海峡隧道(1999 年,宽 38.8m)施工中发明的。它们很好地适应了矩形混凝土管段对宽断面施工的需求,有力地推动了沉管隧道形式从以圆形钢壳为主到以矩形混凝土为主的变革,使沉管隧道的车道数量和断面利用率大大提高,在此后的工程中广泛采用。

在跨越断面宽度的限制后,为减少施工对通航影响、降低振动液化危害、提升基础表面精度、减轻回淤影响及降低成本,第 2 代工法不断得到改进。荷兰弗拉克隧道(1975 年)建设过程中,为进一步解决门式台架占用航道、费用昂贵的问题,发明了设备更简易的压砂法;日本东京港第一航道隧道(1976 年)建设过程中,将灌注填料由砂改为砂浆,实现了抗震性能的提升,形成了压浆法;碎石整平法施工船舶的定位、抛石、整平、检测设备及施工管理系统等不断优化升级。

桩基础也属于沉管隧道基础的特殊工法,在鹿特丹地铁隧道(1968 年)、宁波常洪隧道(2002 年)等少数地基条件过差、回淤强烈及震动液化影响严重的隧道中取得了较好的效果。日本衣浦港隧道(1973 年)等工程中还曾使用向囊袋内注浆充填管底的灌囊法,但该方法已基本被压浆法取代,灌浆囊袋构造现多用于辅助桩基础与管段连接。表 1-3 汇总了沉管隧道基础处理工法并进行了对比。

沉管隧道基础处理工法对比 表 1-3

方法名称	主要工艺	优缺点	适用性	典型案例
刮铺法	施工船或平台上的输料管向沟槽内投放砂、石材料,刮铺机械进行刮铺	总造价较低,不会发生液化,沉放后管段稳定较快,工后沉降小;作业耗时长,对航运影响大,精度要求高、控制难,设备成本高,回淤流速影响大,宽断面无法充填密实	适用于底宽较小的圆形、八角形或花篮形钢壳管段	底特律-温莎隧道(1930 年) 巴尔的摩港隧道(1957 年) 香港港铁隧道(1979 年)
碎石整平法	碎石铺设整平船上的下料钢管将碎石直接铺在基槽底部,形成碎石垄沟	抗波浪流能力强,基础平整度高,施工速度快,纳淤能力较强,垫层顶面可检测,设备船可重复利用,适应宽断面管段,工后沉降小;高精度设备研发成本高	尤其适用于宽断面、回淤较大或有抗震要求的隧道	釜山—巨济公路隧道(2000 年) 贝纳卢克斯第二隧道(2002 年) 釜山沉管隧道(2010 年) 港珠澳大桥沉管隧道(2017 年)
灌砂法	喷砂管位于管段侧面,从管段侧面外将粗砂充填入管底的空隙中	不需要门式台架等专用设备,施工对航道影响较小,设备投资成本较低;宽断面底部不能充填密实	适用于底宽较小的圆形、八角形或花篮形钢壳管段	拉萨尔街隧道(1912 年) 波西沉管隧道(1928 年)

续上表

方法名称	主要工艺	优缺点	适用性	典型案例
喷砂法	顶部架设行走门式台架,台架的砂泵将砂水混合料通过喷砂管注入管底	自身可进行清淤,适用宽断面管段,对砂水混合料强度要求不高,不需要底板开孔,耐久性好;对粗砂粒径要求严格,门式台架喷砂系统投资较大,对航道影响较大	尤其适用于宽断面的隧道	马斯河隧道(1942年) 斯特尔特隧道(1969年) 斯派克尼瑟地铁隧道(1984年) 香港东区海底隧道(1989年)
压砂法	通过预留压砂孔或预埋管道向管底压入砂水混合料,堆积形成砂垫层	不受水深、潮汐、流速影响,不需要门式台架等设备,施工对航道影响较小,粒径要求较低,设备制造成本较低;清除管底淤泥困难,受回淤影响大	广泛应用	弗拉克隧道(1975年) 海姆斯普尔隧道(1980年) 悉尼港隧道(1992年) 珠江隧道(1993年)
压浆法	压浆设备通过管段底板预埋的压浆孔向管底空隙压入混合砂浆	对航道影响小,施工不受水文条件干扰,易于控制管段抬高,设备置备成本低,与基槽底面结合紧密,不会发生液化,回淤影响较小,利于减小沉降;对砂浆性能要求高	广泛应用,尤其适用于抗震或基础面精度要求高的隧道	东京港第一航道隧道(1976年) 宁波甬江隧道(1995年) 普雷韦扎隧道(2002年) 马尔马拉隧道(2008年)
灌囊法	将囊袋固定于管段底部进行沉放,向囊袋压入砂浆使体积膨胀充填管底	砂浆流失少,充填密实度高,适用于宽度大的隧道,砂浆强度要求不高,可以结合各桩基共同受力;要求砂浆具有较好的流动性,囊袋成本较高,施工工艺较复杂	一般用于桩基、碎石与管底的连接	廷斯泰得隧道(1968年) 衣浦港隧道(1973年) 常洪隧道(2002年)
桩基础	对桩船和桩架定位控制,桩锤击打沉桩,调整桩顶高程或在管底填料连接	利于控制沉降,避免回淤影响,跨越软弱不均地层,减轻地基液化危害;施工工艺复杂,成本较高	一般用于不良地层上的沉降控制、减少回淤或液化影响	班克赫得隧道(1940年) 廷斯泰得隧道(1968年) 鹿特丹地铁隧道(1968年) 堡垒海峡隧道(1994年)

综上所述,在交通功能需求与工程安全、质量、经济等因素的驱动下,技术不断发展演变,目前基础处理工法已形成了以碎石整平法、压砂法、压浆法为主,以桩基础形式为有效补充的格局。

1.3 国内外深层水泥搅拌(DCM)技术发展概况

深层水泥搅拌(Deep Cement Mixing,DCM),是一种用于加固饱和软黏土地基的技术。它是利用水泥或石灰等材料作为固化剂的主剂,通过特制的深层搅拌机械,在地基深处就地将软土和固化剂(浆液或粉剂)强制搅拌,利用固化剂和软土之间所产生的一系列物理-化学反应,使软土硬结成具有整体性、水稳定性和一定强度的优质地基。该技术具有施工工期短、无公害、施工过程无扰动、无噪声、不排污、对相邻建筑物无不利影响等优点,可以增加软土地基的

海洋环境下沉管隧道深层水泥搅拌(DCM)复合地基与垫层组合基础关键技术

承载能力,减小沉降量,提高边坡的稳定性,适合用于加固各种成因的饱和黏土,因此,在世界各地广泛应用。

DCM 技术始于美国,在第二次世界大战后曾研制开发成功一种就地搅拌桩(MIP 工法),即用空气压缩机从不断旋转的中空轴端部向周围已被搅松的土中压入水泥浆,经叶片的搅拌而形成水泥土状。这种桩的单桩直径为 0.3~0.4m,长度一般为 6m,最长可达 10~12m。1953 年日本清水建筑株式会社从美国引入这种施工方法,1967 年日本运输省港湾技术研究所土工室参照 MIP 工法的特点,开始研制出石灰深层搅拌施工机械。1974 年,由于大型软土地基加固工程的需要,日本运输省港湾技术研究所、川崎钢铁厂及不动建设等厂家合作开发研制成功水泥搅拌固化法(CMC 法),使水泥搅拌技术由试验阶段进入实用阶段。之后,该技术在瑞典、俄罗斯、美国、日本和中国得到了广泛应用。日本各大施工企业接连开发研制出加固机理、固化剂相近,但机械规格、施工效率各异的深层搅拌机械,各自形成了不同名称的深层搅拌法,如中土木株式会社和东洋建设株式会社开发的深层化学搅拌法(DCM 工法)、清水建设株式会社的深层水泥搅拌法(DEMIC 工法)、东亚建设工业株式会社的深层水泥固结法(DCCM 工法);深层搅拌机械有单头和多头等形式,一次加固最大面积 $9.5m^2$。1990 年日本大阪防水建设社研制开发了一种新的搅拌施工工艺——RR 工法(Rotation & Revolution Mixing Treating System)。施工时,搅拌头上下、左右旋转翻滚成桩,一次成桩单元桩体直径达 2m。截至 1995 年,日本采用深层搅拌法加固软土的工程量已达 2440 万 m^3,成为日本软土地基加固方法中应用得最多的一种方法。

1971 年,日本成幸株式会社经改进、研制出多轴搅拌机,基于深层搅拌桩施工方法发展出 SMW(Soil-cement Mixed Wall)工法,并应用于基坑围护工程。所谓 SMW,就是利用专门的多轴钻孔机(一般为三轴)就地钻进切削土体,同时在钻头端部将水泥浆液注入土体,将土体和水泥浆液原位进行混合、搅拌后在地下形成的连续墙体的简称,经充分搅拌混合后,再将 H 型钢或其他型材插入搅拌桩体内,形成地下连续墙体,将其直接作为挡土或止水结构。它不仅可以作为一般基坑的止水墙壁,而且可以应用于地下水坝的止水帷幕和土体的加固改良,以及作为基桩。SMW 工法钻孔可分为孔径为 650mm、850mm、1000mm 等种类,在日本,实际施工中最大搅拌深度已经达到 65m,视地质条件尚可施工至更深。这一施工方法在 20 世纪 80 年代后期传至我国台湾地区,20 世纪 90 年代在泰国、马来西亚等东南亚国家和美国、法国等国家广泛应用。

我国从 1977 年 9 月开始,由冶金部建筑研究总院和交通部水运规划设计院进行深层搅拌桩的室内试验和机械研制工作,于 1978 年末制造出国内第一台 SJB-1 型双搅拌轴、中心管灌浆、陆上型的深层搅拌机及其配套设备,1980 年首次在海上应用并获得成功,同年已能批量生产 SIB 型成套深层搅拌机械,并组建了专门的施工公司。1980 年初,天津市机械施工公司与交通部第一航务工程局科研所等单位合作,利用日本进口螺旋钻机进行改装,制成单搅拌轴、叶片输浆型深层搅拌机,1981 年在天津首次应用也取得了成功。20 世纪 80 年代中期,上海地区应用深层搅拌桩日趋广泛,常用的 SJB-I 型深层搅拌机,成桩最大长度可达 15m。自 20 世纪 80 年代后期以来,深层搅拌桩除用作软基加固与承重桩外,已发展到用于基坑开挖的支护结构。目前,江阴市振冲机械制造有限公司生产的 SJBF37 型搅拌桩机搅拌头直径为 $2\times\phi700mm$,最大搅拌深度为 18m;SJBF45 型搅拌桩机搅拌头直径为 $2\times\phi760mm$,最大搅拌深度达 25m。随着近 40 年的应用发展,与技术相关的设计计算理论、施工装备与施工技术不断成熟,目前该方法已广泛应用于地基加固、边坡防护及各类防渗工程等方面。

DCM 技术首次应用于水运工程,是 1987 年开工、1989 年加固完成的天津港东突堤北侧码头工程。使用该技术后,天津港的码头结构形式实现了创新,激发了港工界对 DCM 技术的兴趣,科研人员开始收集和翻译大量日本技术资料。在此基础上,国家将 DCM 技术列为"九五"攻关项目,进行了更为深入系统的研究,编写了《水下深层水泥搅拌法加固软土地基技术规程》,研制成功了我国第一代 DCM 施工船(1992 年),并在烟台港西港池二期工程项目中成功应用。然而,与代表国际水准的日本相比,我国在 DCM 技术开发管理、应用规模和应用范围、施工设备的数量和技术参数等方面,仍存在着较大的差距,在该技术的研究应用方面仍有很大的发展空间。近年来,随着对海上工程环保、工后防沉降、防渗漏要求的不断提高,从业主、设计单位到施工单位对使用 DCM 技术施工的要求也越来越高,再加上日本在高水平应用 DCM 技术方面的强烈示范作用,目前已逐步形成应用 DCM 技术的浓厚氛围。随着国内香港机场第三跑道扩建工程、深中通道等工程的不断推进,DCM 技术应用已展现出非常光明的前景。

1.4 深中通道沉管隧道基础处理的挑战和解决方案

1.4.1 深中通道沉管隧道基础处理面临的挑战

深中通道位于粤港澳大湾区核心战略区域,北距虎门大桥 30km,南距港珠澳大桥 38km,是国家高速公路网中 G2518(深圳—岑溪)跨珠江口关键控制性工程,是国家"十三五"规划重大工程项目。项目的建设对完善国家高速公路网和珠三角地区综合交通运输体系、推进粤港澳大湾区城市群深度合作发展、落实习近平总书记对广东"四个走在全国前列"的新要求具有重要战略意义。

深中通道沉管隧道工程位于内伶仃洋海域,水下地形为三滩两槽构造,表层淤泥层深厚,基岩埋深较大,区域新构造运动表现为强烈的垂直升降运动。工程全线断裂共 11 条,以北西向为主,均为非活动断层。场地潮流属于不规则半日潮类型,气候属于典型亚热带海洋性季风气候,台风频发对工程建设有很大的影响。项目采用设计速度为 100km/h 的双向八车道高速公路技术标准,桥梁宽度为 40.5m,隧道建筑限界净宽为 $2\times18.0m$,汽车荷载等级为公路-Ⅰ级;设计使用年限 100 年。

海洋环境下沉管隧道深层水泥搅拌(DCM)复合地基与垫层组合基础关键技术

深中通道路线全长约 24km,由东向西依次设置了东人工岛(岛面面积为 34.38 万 m²)、机场枢纽互通立交(匝道隧道部分)、海底沉管隧道(隧道全长 6845m,沉管段长 5035m)、西人工岛(岛面面积为 13.7 万 m²)、伶仃泄洪区非通航孔桥、伶仃洋大桥(主跨 1666m 的 3 跨连续全漂浮体系海中悬索桥)、非通航孔桥、万顷沙互通、中山大桥(主跨 580m 的斜拉桥)、横门泄洪区非通航孔桥、马鞍岛陆域段引桥及横门互通立交(部分),全线设综合管理区 1 处、养护救援区 1 处。深中通道主要构造物如图 1-1 所示。其中,沉管隧道总宽度为 46～55.5m,居世界之首(矾石水道沉管隧道示意图如图 1-2 所示);伶仃洋大桥采用悬索桥方案,主跨 1666m,综合规模和难度均大于世界同类工程。伶仃洋大桥示意图如图 1-3 所示。

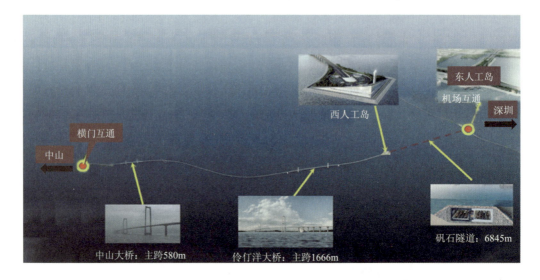

图 1-1　深中通道主要构造物示意图

图 1-2　矾石水道沉管隧道示意图

深中通道是世界级的集"隧—岛—桥—水下枢纽互通"于一体的超大型跨海交通基础设施工程,建设条件复杂,项目 6.8km 特长双向八车道海底钢壳混凝土沉管隧道具有五大技术难点,分别是超宽、变宽、深埋、回淤量大、挖砂坑区域地层稳定性差,极具技术挑战性,是目前为止世界技术难度最大的工程之一。

图1-3 伶仃洋大桥示意图

"超宽"是指隧道采用双向八车道技术标准,管节断面宽度46m,为世界首例,设计及施工难度大;"变宽"是指隧道为满足交通功能需求,设置了615m的变宽段,由双向八车道加宽至双向十二车道,管节断面宽度由46m变宽至55m,在隧道内多次分合流,目前国内缺乏规范标准,导致行车安全性问题突出;"深埋"是指沉管隧道埋置深度深,最深位置沉管底高程距水面接近40m,管节结构设计难度高;"回淤量大"指洪季回淤强度平均接近2.0cm/d,台风期最大回淤强度超过5.0cm/d,沉管沉放及沉降控制难度大;"挖砂坑区域地层稳定性差"指西岛斜坡段位于超大挖沙坑内,区域地层扰动严重,稳定性很差,对基槽开挖成槽及基础处理造成较大困难。

在地质条件上,深中通道还面临着诸多不良地质因素(图1-4)。隧道全线自东向西依次穿越全强风化花岗岩(E32~E22管节)、残积粉质黏土层与粉质黏土层(E21~E14管节)、强/全/中风化花岗岩(E13~E6管节),以全强风化岩为主的槽底地层条件,隧道全线地基刚度差异大(图1-5)。在西侧1.4km挖砂坑区域,地质条件差,存在砂土液化和风化岩层软化等多种不良地质因素作用。在西侧斜坡段,表层有3~5m厚的浮泥,下伏8~18m淤泥且受采砂坑扰动影响,强度低、稳定性差,周边存在数个挖砂坑。在部分管节(E1~E5)中轴线南北两侧,粉砂层分布很不均匀,轻微液化,地层受采砂坑影响大。

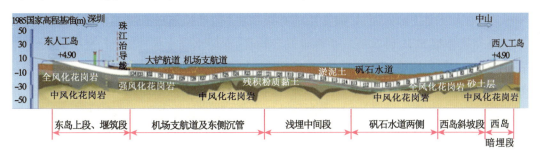

图1-4 深中通道项目隧道全线断面效果图

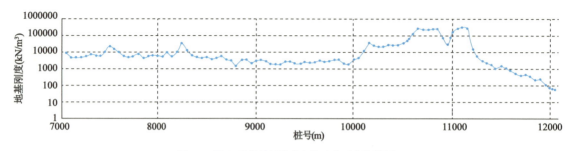

图 1-5 深中通道项目隧道全线地基刚度统计图

通过与港珠澳大桥建设条件进行对比(表1-4),发现深中通道沉管隧道基础面临更大的挑战,需要解决采砂坑扰动及深厚软基问题和中间区域回淤大问题。在西岛斜坡段需要解决成槽问题及桩基、挤密砂桩及DCM等方案的适用性问题,以及斜坡段与中间基岩段刚度协调过渡问题;需提升基础垫层纳淤能力,确定基础采用先铺还是后铺施工工法。

深中通道与港珠澳大桥建设难点对比　　　　表1-4

	比较内容	深中通道	港珠澳大桥
	沉管宽度	标准段46m,变宽段最大宽超55m	宽度37.95m
	回淤强度	平均淤强2.0cm/d,最大达5.0cm/d	停砂0.8cm/d,采砂期2.5cm/d
西岛斜坡段	淤泥层原位十字板	4.3kPa(②$_1$层)、14.3kPa(②$_2$层)	16.7kPa
	淤泥层灵敏度	2.5~2.9	3.9
	淤泥层有机质含量	2.07%~3.0%	2.1%
	槽底淤层泥厚	厚3~18m,局部3~5m厚浮泥	厚7~11m
	风化岩层顶面埋深	浅埋,槽底以下8~29m	深埋,槽底以下55~60m
	采砂坑与隧道关系	上下游均有采砂点,西岛斜坡段隧道位于砂坑中	采砂点及砂坑均位于上游数十公里

1.4.2 深中通道沉管隧道基础处理解决方案

1)沉管隧道基础选型原则与方法

深中通道沉管隧道基础处理的关键在于综合各类边界条件,进行多目标因子地基、垫层处理技术的综合评价与比选。为此,项目组首先梳理了常用的地基加固处理方法和基础垫层处理技术。

在地基加固处理技术方面,目前常用的有换填法(包括换填砂和换填块石)、散粒体复合地基(包括挤密砂桩SCP、碎石桩)、柔性桩复合地基(深层水泥土搅拌DCM、高压旋喷桩、水泥粉煤灰碎石桩CFG)、刚性桩复合地基(PHC管桩、钢管桩、钢筋混凝土桩)等。在基础垫层处理技术方面,目前常用的有先铺法(包括刮砂法和刮石法)、后填法(包括灌砂法、喷砂法、灌囊法、压浆法、压砂法等)、桩基法(水下混凝土传力法、砂浆囊袋传力法、可调桩顶法等)等。

上述众多的地基处理技术,在进行基础选型时,要考虑陆域边界条件、荷载分布特点、地层受力特点、沉降控制要求、施工偏差容许度等影响因素。陆上段式沉管隧道地基处理的边界条件,需要考虑人工岛地基处理方案与隧道地基处理方案的衔接和沉降的协调;沉管底部小荷载刚性结构+两侧大荷载散体材料是沉管隧道横断面荷载分布的典型特征;经历了基槽开挖回弹、锁定回填、顶面回填覆盖和回淤等施工过程,回弹再压缩特征是管底底层受力的典型特点;地基处理需要与结构设计紧密结合,较大差异沉降会造成剪力键剪力增大,引发漏水的风险,同时也降低了结构的安全度;基槽开挖精度、模量偏差、土体扰动以及回淤夹层影响很大,应考虑垫层与地基处理间的匹配性,并尽可能减少偏差。

在确定了选型影响因素后,项目组进一步确定了沉管隧道地基与垫层处理的选型评价指标,如图1-6、图1-7所示。

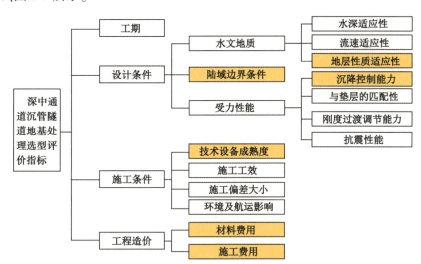

图1-6 深中通道沉管隧道地基处理选型评价指标

注:标黄部分为关键指标,后同。

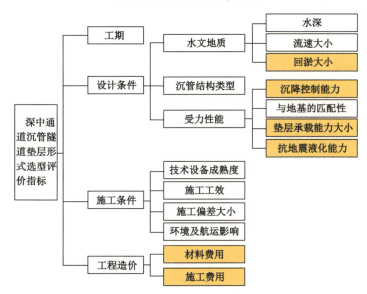

图1-7 深中通道沉管隧道垫层处理选型评价指标

在地基处理技术选型评价方面,重点关注地层性质的适应性、沉降控制能力、施工技术与设备的成熟度、工程造价等相关指标;在垫层处理技术选型评价方面,重点关注回淤对施工的影响、垫层承载性能、抗震抗液化性能、沉降控制能力及施工费用。深中通道沉管隧道地基基础选型流程如图1-8所示。

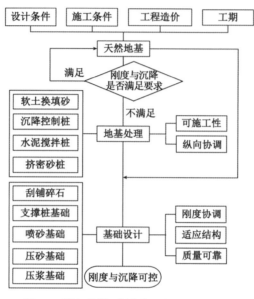

图1-8 深中通道沉管隧道地基基础选型流程

2) 沉管隧道基础处理解决方案

对西岛斜坡段软弱地基的处理,可以选择的方案主要包括桩基础方案、深层水泥搅拌(DCM)方案、挤密砂桩+堆载预压(SCP)方案等,各方案的综合比选情况见表1-5。

西岛斜坡段地基处理方案综合比选　　　　表1-5

地基处理方案	桩基础	DCM	SCP
简述	桩端入中风化岩层1倍桩径	深层水泥土搅拌桩	挤密砂桩+堆载预压
设计参数	钢管复合桩,桩径3m/2.5m、2.2m/1.8m,纵向间距16.5m,平均桩长25m	置换率为38%~51%,桩体60d无侧限抗压强度不小于1.6MPa,需确定配合比	置换率为42%~70%不等,平均加固深度11m
传力介质可靠性	GINA橡胶垫层,传力可靠	碎石垫层,传力可靠	碎石垫层,传力可靠
沉降控制水平	<50mm,控沉能力强	<70mm,控沉能力强	<100mm,控沉能力强
沉降预测准确性	准确性高,实际沉降与预测沉降之间存在差异的风险小	地层扰动及自身离散性导致的预测沉降与实际沉降之间存在差异的风险大	准确性较高,港珠澳大桥建设积累了丰富的预测值与实测值间的经验关系

续上表

地基处理方案	桩基础	DCM	SCP
地层变化适应能力	适应能力强	标准贯入击数30击以下均可施工,需通过不同土层中水泥掺量的变化缩小变形指标的差异	适应能力略差,标准贯入击数15击以下施工
采砂坑的适应性	受力与沉降不受采砂坑地层变化的影响	由于偷采造成的采砂坑地层扰动对受力均匀性有一定影响	由于偷采造成的采砂坑地层扰动对受力均匀性有很大影响,施工期风险加大
与中间基岩的变形协调性	满载时间短,沉降稳定快,工后沉降小,变形协调	满载时间短,沉降稳定快,工后沉降较小,变形协调	存在一定的次固结变形,变形协调性略差
荷载变化适应能力	荷载变化适应能力强,岛头可不减载	荷载变化适应能力弱,岛头必须减载	荷载变化适应能力弱,岛头必须减载
施工难度	工艺成熟,但桩基分散施工作业面要求多,橡胶垫层水下安装精度要求高,施工难度大	日本技术刚开放,我国目前有4条施工船,施工工期短,但经验不多,需现场试验支撑	工程经验丰富;施工质量更可控;难度集中在扰动淤泥施工,堆载工期长
施工工期	单桩10d,192根桩布置12个工作面,需5个月,还需现浇桩头及橡胶垫层安装预计6个月	工作效率3万 m^3/月,沉管底总量15万 m^3,5个月,考虑拦淤坝及垫层施工,合计7个月	3000m^3/d,16万 m^3,堆载预压及拆除6个月,考虑拦淤坝及垫层预计10个月
环境影响	无淤泥隆起,有轻微噪声,环境影响小	淤泥隆起,水泥浆注入,有一定环境影响	隆起量大,堆载预压环境影响大
地震荷载	砂土范围变小,液化影响减弱,桩体可承受	液化可消除,耐久性需进一步确认	桩体表现为延性,砂土液化可消除
相对经济性	1	1.28	1.39
造价(亿元)	3.35	4.3	4.64

比选结论认为:深层水泥搅拌(DCM)方案在韩国釜山隧道有成功应用案例,随着国产设备的开发和投入使用,以往限制该方案应用的造价贵、设备缺乏等问题都得到了解决。该方案先加固、后开挖,对采砂坑的适应性较好,无须堆载预压,施工工期短,可消除液化,抗震性能好,与沉管段的刚度过渡较挤密砂桩(SCP)好,作为西岛斜坡段软弱地基处理的推荐方案。

通过现场试验进一步验证无侧限抗压强度及耐久性。在深层水泥土搅拌桩上设置1.1m厚的块石振密层和1.0m厚的碎石垫层(其中,E1管节为1.0m厚碎石垫层+夯平块石)。E1管节内K11+941.2~K11+993.0范围内DCM顶部1.7~2.08m厚碎石垫层改为1m厚碎石垫层+1.1m厚块石振密层,E1管节岛内及圆筒范围,DCM海上施工船舶无法进入,且加固深度深,强度要求高,考虑采用高压旋喷桩方案。其中钢圆筒外靠近岛内处,为了实现沉管段、暗埋段刚度平缓过渡,碎石垫层底部高压旋喷桩顶部铺设35cm厚C30素混凝土。西岛斜坡段地基处理方案见表1-6。

西岛斜坡段地基处理方案 表1-6

区段划分	里程范围	管节范围	地基处理方案
西岛斜坡段	K11+343.4~K11+719.2	E5~E3管节	水泥土搅拌桩地基处理方案,桩纵向间距3m,横向间距3m、5m的非等间距布置,综合置换率41%; DCM桩的60d无侧限抗压强度为1.2MPa; 1.1m厚振密块石+1m厚碎石垫层
	K11+719.2~K11+941.2	E3~E2管节	综合置换率47.4%单桩式DCM桩处理方案,DCM桩的60d无侧限抗压强度为1.2MPa; 1.1m厚振密块石+1m厚碎石垫层
	K11+941.2~K11+993.0	E1管节东段 51.8m	综合置换率47.3%单桩式DCM桩处理方案,DCM桩的60d无侧限抗压强度为1.6MPa; 1.1m厚振密块石+1m厚碎石垫层
	K11+993.0~K12+013.0	E1管节中间段 20.0m	综合置换率47.3%单桩式DCM桩处理方案,DCM桩的60d无侧限抗压强度为1.6MPa; 1.1~1.7m夯平块石+1m厚碎石垫层
	K12+013.0~K12+065	E1管节西段 52.0m	1m厚碎石垫层夯平块石(局部35cm厚C30素混凝土); 置换率40%的高压旋喷桩处理; 高压旋喷复合土体的平均标准贯入击数不小于20击

第2章 DCM复合地基＋块石振密＋碎石垫层组合基础设计

2.1 深中通道西岛斜坡段地质条件概述

2.1.1 地层的纵横向分布

根据详勘成果,工程场区范围地层划分为6大岩土层,详见表2-1。

地层划分一览表　　　　　　　　　表2-1

成因类型	地质时代	层号	亚层号	岩土名称	状态/风化程度
海积	Q_4^m	2	1	淤泥	流塑
			2	淤泥	流塑
			22	粉质黏土	可塑
			23	粉质黏土	软塑
			24	粉砂	稍密~中密
			25	细砂	稍密
			26	中砂	稍密~中密
			27	粗砂	稍密~中密
			28	砾砂	中密
			3	淤泥质粉质黏土	流塑
陆相沉积	Q_3^{al}	3	1	黏土	可塑~硬塑
			11	黏土	软塑
			2	粉质黏土	可塑~硬塑
			21	粉质黏土	软塑
			3	淤泥质粉质黏土	流塑
			4	粉砂	稍密~中密
			5	细砂	稍密~中密
			6	中砂	中密~密实
			7	粗砂	中密~密实
			8	砾砂	中密~密实

续上表

成因类型	地质时代	层号	亚层号	岩 土 名 称	状态/风化程度
残积	Q^{el}	4	1	砂质黏性土	可塑~硬塑
侵入岩	$\gamma_5^{2(3)} \gamma_{85}^{2(2)}$	6	11	全风化花岗岩	—
			12-1	砂土状强风化花岗岩	—
			12-2	碎块状强风化花岗岩	—
			13	中风化花岗岩	—
			4	强风化脉石英	硬塑

各岩土层的工程地质特征分述如下。

(1)第2大单元层为全新统海相沉积物(Q_4^m):岩性主要为淤泥、淤泥质粉质黏土,连续分布,局部尚夹有粉砂、细砂、中砂和粗砂等。主要分布如下:

②$_1$ 淤泥:灰黑色,流塑,质较均,有腥臭味,顶部为浮泥,取芯较为困难。沉管隧道段全场区均有分布。

②$_2$ 淤泥:深灰色,流塑,大部分质均,局部富集贝壳碎片,多显水平层理,有腥臭味。该地层欠固结。

②$_{2-2}$ 粉质黏土:棕黄色~橘黄色,软塑~可塑,质不均,呈透镜体状分布,局部零星分布。

②$_{2-3}$ 粉质黏土:深灰色,软塑,土质不均,混砂不均,呈透镜体状分布。

②$_{2-4}$ 粉砂:深灰色为主,部分呈灰黄色、灰白色,稍密~中密,饱和,成分主要为石英、长石等,质不纯,含较多黏粒,多呈透镜体状分布。

②$_{2-5}$ 细砂:灰色,稍密,局部混少量砾石,粒径0.5~1.2cm,偶见腐殖质。

②$_{2-6}$ 中砂:以深灰色为主,部分呈灰黄色、灰白色,稍密~中密,饱和,成分主要为石英、长石等,质不纯,含较多黏粒,呈透镜体状零星分布。

②$_{2-7}$ 粗砂:灰色,饱和,密实,主要矿物成分为石英、长石,黏粒含量高,偶夹粉质黏土薄层。单层厚1~3cm,偶见碎石,粒径0.2~1.0cm不等。

②$_{2-8}$ 砾砂:灰色,饱和,中密,主要矿物成分为石英、长石,分选性一般。含砾石,粒径0.2~1.0cm,含量约10%,黏粒含量高。

②$_3$ 淤泥质粉质黏土:深灰色,流塑,质不均,主要呈透镜体状分布于勘区上部,分布不连续。

(2)第3大单元层为晚更新世晚期陆相沉积物(Q_3^{al}):岩性主要为软~可塑状黏土,其下部多分布有薄层稍密~密实状的粉砂~砾砂,局部夹有透镜体状的圆砾。呈断续分布,层厚较薄。

③$_1$ 黏土:灰黄~灰色,可塑,质较均,呈透镜体状零星分布。

③$_2$ 粉质黏土:灰黄色为主,局部灰色、灰白色,可塑为主,质较均,局部夹薄层粉砂,呈透

镜体状分布。

③₃ 淤泥质粉质黏土:深灰色,流塑,土质较均匀,显水平层理,局部夹粉砂薄层,属高压缩性土。该层主要呈透镜体状分布,厚度较薄。

③₄ 粉砂:灰黄色、灰白色,稍密~中密,饱和,成分主要为石英、长石等。质较纯,部分含黏粒。

③₅ 细砂:以灰黄色为主,局部灰白色,稍密~中密,饱和,成分主要为石英、长石等。质较纯,粒较均,部分段含黏粒,呈层状分布。

③₆ 中砂:以灰黄色为主,部分灰白色,中密~密实,成分主要为石英、长石等。黏粒含量较高,岩芯多呈柱状,呈层状分布。

③₇ 粗砂:灰黄色,中密~密实,饱和,成分主要为石英、长石等。质较纯,粒不均,局部夹粉质黏土。

③₈ 砾砂:灰黄色,密实,饱和,成分主要为石英、长石。质不纯,含黏粒,粒不均,含5%~20%的圆砾石,零星分布。

(3)第4大单元层为残积土(Q^{el}):岩石风化残积物,呈硬~半坚硬状砂质黏性土状。

④₁ 砂质黏性土:呈棕黄色~灰黄色,可塑~硬塑,质较均,主要分布于岩面表层。

(4)第6大单元层为燕山期侵入岩(晚期):燕山期细~粗粒花岗岩($\gamma_5^{2(3)}$、$\gamma_{85}^{2(2)}$),基岩层可按风化程度进一步划分为全风化、强风化、中风化。

⑥₁₁ 全风化花岗岩:以棕黄色、灰黄色,岩石风化严重,结构基本破坏,矿物均已风化变异,呈黏土混少量砂粒状,干钻易钻进。

⑥₁₂₋₁ 砂砾状强风化花岗岩:以棕黄色为主,部分灰白色,灰绿色,岩石风化严重,结构大部分破坏,矿物呈不同程度风化变异,岩芯呈密实中粗砂混黏粒状,干钻可钻进。

⑥₁₂₋₂ 碎块状强风化花岗岩:以棕黄色为主,中粗粒花岗结构,块状构造,岩体风化严重,节理裂隙发育,岩体极破碎,钻进时响声大,岛隧段大部分区域均有分布。

⑥₁₃ 中风化花岗岩:灰白色、棕黄色,中粗粒花岗结构,块状构造,岩石主要由石英、长石等矿物组成,岩体破碎~较破碎,节理发育,倾角以40°、70°、80°为主,裂隙面较粗糙,基本无充填,部分裂隙面浸染呈铁锈色;质较硬,锤击声较脆,岛隧段大部分区域均有分布。

⑥₄ 强风化石英岩(砂土状):白色,块状构造,受风化影响较严重,节理裂隙发育,岩体破碎,风化不均匀,多夹于全强风化花岗岩层中,为硬夹层,岩芯多呈5~20cm碎块状、短柱状,岩质硬,零星分布。

⑥₄ 强风化石英岩(碎块状):白色,块状构造,岩体较完整,岩质硬,取出岩芯多呈20~30cm柱状,岩质坚硬,锤击声脆。该层呈脉状零星分布于场区花岗岩地层中,ZKAWT07钻孔揭示厚度大于14.7m。

E1~E7管节范围内的初勘中轴线地质纵剖面及详勘中轴线、右、左三条地质纵剖面图分别如图2-1~图2-4所示。

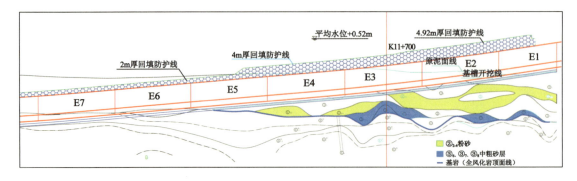

图 2-1　初勘西岛斜坡段中轴线地质剖面图

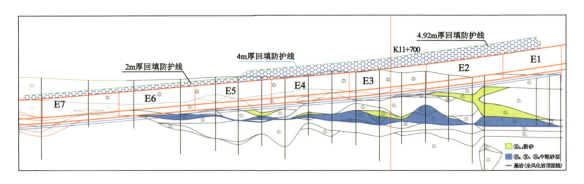

图 2-2　详勘西岛斜坡段中轴线地质剖面图

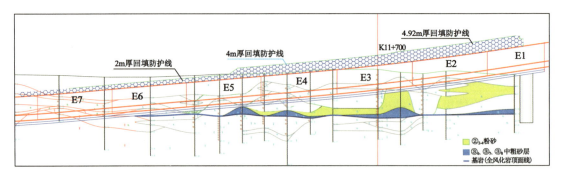

图 2-3　详勘西岛斜坡段右轴线(中轴线北侧 21.5m)地质剖面图

从四个纵断面的地层比较分析,可得出如下几点认识:

(1)初勘中轴线上②$_{2\text{-}4}$粉砂层分布较为连续,在 E1～E4 管节下均有分布,厚度约 8m,详勘中轴线剖面中该层大部分消失,仅在 E1～E2 管节少量分布。

(2)K11+700 断面位置,在初勘阶段为 ZKA66 号钻孔,砂层及基岩面的埋深均较浅。详勘阶段距离该位置最近的中轴线上的钻孔为 SSZK200,水平距离 23m,右线最近的为 SSZK182 钻孔。从图上看,该位置详勘阶段砂层顶面下降,淤泥类土层厚度增大。分析认为,详勘与初勘数据的差异既有钻孔增加的原因,也与 2015—2017 年两年间仍可能存在盗采砂活动有关。

因此，对采砂坑内由于盗采砂造成的软土层或粉砂层的厚度变化、后期的发展变化趋势以及对土体参数的扰动问题要引起高度重视。

（3）中轴线南侧23m位置的左轴线上②$_{2-4}$粉砂相对均匀，其余两个断面粉砂层均不贯通，呈透镜体状分布。横向地层的变化对地基处理方案的均匀性提出了较高要求。

（4）E1～E7管节详勘各断面的基岩面相对平整。在详勘中轴线上，E6～E7槽底进入中风化岩层，右侧及左侧的地质主要为强风化碎块状花岗岩或砂砾状花岗岩，对该位置处的基槽开挖方式及垫层方案有一定的影响。

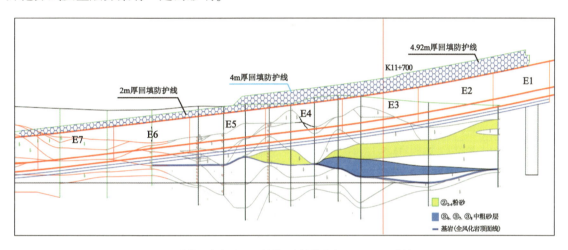

图2-4　详勘西岛斜坡段左轴线（中轴线南侧21.5m）地质剖面图

针对②$_{2-4}$、②$_{2-5}$和②$_{2-6}$等砂层的液化问题，详勘也进行了相应的判别。将E1～E7管节基槽底面以下的测点判别表提取出来，结果见表2-2。可见，西岛斜坡段槽底第四系粉细砂、中砂层断续分布，呈透镜体状态，为不液化～轻微液化等级，液化指数小于3.5。

西岛斜坡段沉管槽底测点的液化判别表　　表2-2

孔号	土层编号	土层名称	实测贯入击数 N（击）	贯入中点深度 d_s（m）	地下水位深度 d_w（m）	土层厚度 d_i（m）	黏粒含量 ρ_c（%）	黏粒含量取值 M_c（%）	标准贯入击数基准值 N_0（击）	标准贯入锤击数临界值 N_{cr}（击）	层位影像权函数值（m^{-1}）	液化指数 土层液化指数 I_i	液化指数 综合液化指数 I_{IE}	液化等级
SSZK172	②$_{2-6}$	中砂	11	12.9	0	1.5	8	3	6	13.14	4.73	1.16	1.16	轻微
SSZK173	②$_{2-5}$	细砂	15	10.9	0	1.5	3.9	3	6	11.94	6.07	0.00	—	不液化
SSZK174	②$_{2-4}$	粉砂	13	11.4	0	1.5	5.2	3	6	12.24	5.73	0.00		
SSZK176	②$_{2-4}$	粉砂	10	16.3	0	1.5	7.3	3	6	14.4	2.47	1.13	1.13	轻微
SSZK177	②$_{2-4}$	粉砂	7	4.4	0	1.5	8.2	3	6	8.04	10.00	1.94	3.49	轻微
	②$_{2-4}$	粉砂	8	5.4	0	1.5	8.5	3	6	8.64	9.73	1.08		
	②$_{2-4}$	粉砂	11	9.9	0	1.5	9.8	3	6	11.34	6.73	0.30		
	②$_{2-4}$	粉砂	13	18.3	0	1.5	9.8	3	6	14.4	1.13	0.17		

续上表

孔号	土层编号	土层名称	实测贯入击数 N（击）	贯入中点深度 d_s（m）	地下水位深度 d_w（m）	土层厚度 d_i（m）	黏粒含量 ρ_c（%）	黏粒含量取值 M_c（%）	标准贯入击数基准值 N_0（击）	标准贯入锤击数临界值 N_{cr}（击）	层位影像权函数值（m^{-1}）	液化指数 土层液化指数 I_i	液化指数 综合液化指数 I_{IE}	液化等级
SSZK181	②$_{2-4}$	粉砂	17	18.2	0	1.5	7.1	3	6	14.4	1.20	0.00	—	不液化
SSZK182	②$_{2-6}$	中砂	12	10.3	0	1.5	6.5	3	6	11.58	6.47	0.00		不液化
SSZK182	②$_{2-5}$	细砂	15	12.3	0	1.5	0.7	3	6	12.78	5.13	0.00		
SSZK188	②$_{2-6}$	中砂	8	6.7	0	1.5	3.6	3	6	9.42	8.87	2.00	2.36	轻微
SSZK188	②$_{2-4}$	粉砂	13	16.3	0	1.5	7.7	3	6	14.4	2.47	0.36	—	
SSZK191	②$_{2-4}$	粉砂	10	9.15	0	1.5	8.2	3	6	10.89	7.23	0.89	0.89	轻微
SSZK192	②$_{2-6}$	中砂	14	9.8	0	1.5	4.4	3	6	11.28	6.80	0.00	—	不液化
SSZK192	②$_{2-4}$	粉砂	16	11.8	0	1.5	5.9	3	6	12.48	5.47	0.00		
SSZK192	②$_{2-4}$	粉砂	16	15.5	0	1.5	9.5	3	6	14.4	3.00	0.00		
SSZK192	②$_{2-6}$	中砂	21	17.8	0	1.5	5.2	3	6	14.4	1.67	0.00		
SSZK194	②$_{2-4}$	粉砂	15	11	0	1.5	8.8	3	6	12	6.00	0.00	—	不液化
SSZK194	②$_{2-4}$	粉砂	16	13	0	1.5	6.8	3	6	13.2	4.67	0.00		
SSZK197	②$_{2-4}$	粉砂	10	10.9	0	1.5	6.7	3	6	11.94	6.07	1.48	1.48	轻微

2.1.2 采砂坑分布情况

根据 2016 年 5 月的水深测量图，西岛斜坡段位于采砂核心影响区内，在 K12+000 里程附近的南侧分布一处规模较大的沙坑。砂坑最深处底高程 -18.6m，距离隧道轴线 145m 左右，对隧道基础，尤其是防撞回填区基础设计的影响较大。砂坑内表层淤泥层呈流动的浮泥状态，工程性质较差，成槽较为困难，需要采取额外的成槽辅助措施。

2016 年 9 月 1—11 日完成的采砂坑钻孔柱状图（西岛斜坡段及采砂坑勘察成果）表明，采砂坑表面高程多在 -16.17 ~ -16.68m 之间，少部分区域高程大于 -16m。采砂坑内表层均分布一层厚度 4.6 ~ 5.4m 不等的流塑状、易发生软土震陷的淤泥层。下伏的②$_{2-4}$粉砂层呈透镜体状分布，横向宽度在 0 ~ 100m 之间不等，纵向连续范围较长。

根据广州海事局提供的资料，虎门大桥以外采砂点共 19 个。珠江口区域采砂规模巨大，活动非常频繁。

南京水利科学研究院开展的挖砂对伶仃洋滩槽稳定性影响的数学模型研究表明，矾石水道西侧巨大砂坑将导致东槽与中滩潮量增加，西滩和东滩潮量减少，伶仃航道所在西槽的潮量呈减小势头。冲淤模拟表明，如果挖砂规模不再扩大，随着砂坑回淤与海床调整，西槽纳潮量将逐渐回增，东槽纳潮量会逐渐减小，伶仃洋滩槽之间的潮流动力分布格局有向挖砂前回归的发展趋势，伶仃洋"三滩两槽"的基本格局仍能保持稳定；如果采砂活动继续扩大，挖砂槽沟有可能加快发育,甚至与下游深槽贯通,这对保持"三滩两槽"的格局稳定是不利的。

2.1.3 地层参数

在初勘的分层原则基础上,结合详勘成果,进行了岩土层划分,总体沿用初勘岩土层层号,仅对少数亚层进行调整。统计结果表明,各岩土层划分较合理、试验数据较准确、指标代表性较强。

1) 室内试验成果

各主要土层常规物理力学指标平均值(国标)见表2-3。

各主要土层常规物理力学指标平均值(国标)　　　　　　表2-3

层号	岩性名称	含水率 w (%)	天然密度 ρ (g/cm³)	孔隙比 e	塑性指数 I_p	液性指数 I_L	压缩系数 $a_{0.1\sim0.2}$ (MPa⁻¹)	压缩模量 $E_{s0.1\sim0.2}$ (MPa)	直剪快剪 黏聚力 c_q (kPa)	直剪快剪 内摩擦角 φ_q (°)	固结快剪 黏聚力 c_{cq} (kPa)	固结快剪 内摩擦角 φ_{cq} (°)	标准贯入试验 N (击)
②₁	淤泥	88.3	1.52	2.370	23.1	2.36	2.24	1.54	4.26	3.04	6.69	8.04	1
②₂	淤泥	73.5	1.55	2.080	21.9	2.07	1.90	1.62	4.98	3.27	8.01	9.17	1.5
②₂₋₂	粉质黏土	28.8	1.91	0.820	12.2	0.57	0.41	4.62	17.9	8.80	15.80	24.80	5.7
②₂₋₃	粉质黏土	30.3	1.85	0.916	12.1	0.83	0.56	3.41	14.48	9.10	5.60	14.20	4
②₂₋₄	粉砂	24.5	1.93	0.764	—	—	0.20	9.34	8.58	22.13	9.10	23.00	10.2
②₂₋₅	细砂	22.4	1.93	0.713	—	—	0.15	11.09	11.10	21.40	—	—	13.2
②₂₋₆	中砂	18.8	1.94	0.598	—	—	0.14	12.16	7.90	21.70	—	—	15.7
②₂₋₇	粗砂	15.2	1.97	0.518	—	—	0.10	15.73	8.10	28.40	3.70	27.40	24.6
②₂₋₈	砾砂	13.6	—	—	—	—	—	—	—	—	—	—	14.3
②₃	淤泥质粉质黏土	45.6	1.74	1.24	15.10	1.41	1.03	2.27	9.46	5.92	9.67	13.46	1.9
③₁	黏土	30.9	1.91	0.817	18.8	0.34	0.45	5.36	31.40	4.90	28.50	9.60	8.2
③₂	粉质黏土	27.0	2.01	0.680	13.4	0.30	0.33	5.47	21.50	9.10	25.70	16.90	7.8
③₃	淤泥质粉质黏土	43.6	1.74	1.210	16.9	1.37	0.96	2.56	8.50	11.60	16.80	10.00	2.6
③₄	粉砂	19.6	1.96	0.650	—	—	0.23	7.37	8.00	25.60	—	—	18.5
③₅	细砂	20.3	1.96	0.647	—	—	0.16	12.23	11.00	23.60	—	—	16.2
③₆	中砂	16.8	1.99	0.521	—	—	0.14	12.21	8.00	25.90	—	—	23.7
③₇	粗砂	13.6	1.99	0.554	—	—	0.12	13.05	5.70	26.50	—	—	25.5
③₈	砾砂	10	2.01	0.550	—	—	0.10	15.78	19.30	37.60	—	—	33.5
④₁	砂质黏性土	26.9	1.85	0.860	10.8	0.46	0.37	5.06	14.20	18.70	20.70	25.10	20.3
⑥₁₁	全风化花岗岩	22.3	1.90	0.736	10.9	0.32	0.34	5.24	14.40	23.60	19.50	31.40	40.3
⑥₁₂₁	砂土状强风化花岗岩	19.5	1.88	0.684	11.20	0.10	0.28	5.97	18.00	23.90	—	—	73.8

岩土层地基承载力基本容许值及桩基参数推荐值见表2-4。

岩土层地基承载力基本容许值及桩基参数推荐值　　表2-4

地层编号	地层名称	密实度或状态	承载力基本容许值 $[f_{a0}]$ (kPa)	钻孔桩 桩侧土摩阻力标准值 q_{ik} (kPa)	钻孔桩 桩端阻力特征值（>15m） q_{pa} (kPa)	抗拔摩阻力折减系数 λ_i	沉桩 桩侧土摩阻力标准值 q_{ik} (kPa)	沉桩 桩端土承载力标准值 q_{rk} (kPa)
②$_1$	淤泥	流塑	35	—	—	—	—	—
②$_2$	淤泥	流塑	45	8	—	—	10	—
②$_3$	淤泥质粉质黏土	流塑	60	12	—	0.2	15	—
②$_{24}$	粉砂	稍密~中密	80	15	300	0.4	20	—
②$_{25}$	细砂	稍密	140	35	700	0.4	40	—
②$_{26}$	中砂	稍密	160	45	1000	0.45	50	—
②$_{27}$	粗砂	稍密~中密	180	55	1300	0.45	60	—
②$_{28}$	砾砂	中密	240	90	1500	0.5	100	—
③$_1$	黏土	可塑	180	50	450	0.65	55	—
③$_{11}$	黏土	软塑	120	35	300	0.5	40	—
③$_2$	粉质黏土	可塑	160	45	450	0.65	50	—
③$_{21}$	粉质黏土	软塑	120	35	300	0.5	40	—
③$_3$	淤泥质粉质黏土	流塑~软塑	80	25	—	0.25	30	—
③$_4$	粉砂	中密	130	35	350	0.4	40	—
③$_5$	细砂	稍密~中密	150	40	850	0.4	45	—
③$_6$	中砂	中密~密实	160	60	1100	0.5	65	—
③$_7$	粗砂	中密~密实	200	80	1500	0.5	85	4500
③$_8$	砾砂	中密~密实	300	125	1600	0.55	130	5000
④$_1$	砂质黏性土	可塑	240	65	500	0.6	70	—
⑥$_{11}$	全风化花岗岩	硬塑	300	80	700	0.6	85	—
⑥$_{12-1}$	砂砾状强风化花岗岩	密实	400	100	800	0.65	110	5000
⑥$_{12-2}$	碎块状强风化花岗岩	坚硬	500	120	1000	0.7	130	7000
⑥$_{13}$	中风化花岗岩	坚硬	2000	—	50	0.8	—	—

2）岩石试验成果

岩石试验成果见表 2-5。

岩石试验成果一览表　　　　　　　表 2-5

土层编号	土层名称	统计项	块体密度（g/cm³）		单轴压强度（MPa）			点荷换算单轴抗压强度 I_s（MPa）
			天然	饱和	饱和	天然	干燥	
⑥$_{12-2}$	碎块状强风化花岗岩	统计个数	—	—	—	—	—	8
		平均值	—	—	—	—	—	23.2
		标准值	—	—	—	—	—	18.56
		推荐值	—	—	—	—	—	20
⑥$_{13}$	中风化花岗岩	统计个数	—	51	29	—	—	20
		平均值	—	2.69	55.93	—	—	67
		标准值	—	2.64	51.46	—	—	58.96
		推荐值	—	2.69	55	—	—	65

2.2　基础设计的边界条件

2.2.1　基础总体设计方案

沉管隧道基础指位于隧道下方、承受来自隧道本身、回填、管顶保护层以及回淤荷载的土层。该土层从隧道底部一直往下至非压缩性地层，包括基础垫层（如先铺法整平碎石垫层）、压缩性土层（天然土层或经处理后地基）和低压缩性土层（密实砂层、残积土、全强风化花岗岩、中风化花岗岩等基岩）。

沉管隧道基础方案参照以下原则选择：

(1) 将目标沉降控制在隧道结构设计能接受范围内，并满足与暗埋段的纵向协调要求；

(2) 基础在地震下的动力响应（地层滑移、液化、震陷等）满足结构的受力要求；

(3) 对沉管沉放前的回淤有较好的应对措施或容忍度；

(4) 基础施工方法应满足经济可行、便于检测、风险可控等方面的要求。

结合隧道全线工程地质情况，通过地基处理方案的比选与设计，最终形成了西岛斜坡段先铺碎石垫层+块石振密层（块石夯平层）+岛外深层水泥土搅拌桩+岛内高压旋喷桩方案、中间天然地基段采用先铺碎石垫层+块石振密层（局部超挖夯平块石或 DCM 桩加固）方案、东岛上段采用桩基础（部分素混凝土垫层+桩基加固）方案。

沉管隧道全线纵断面布置图如图 2-5 所示。

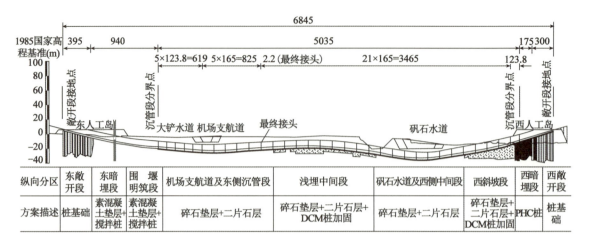

图 2-5 沉管隧道全线纵断面布置图(尺寸单位:m)

2.2.2 东岛上段的基础方案设计及沉降控制要求

东岛上段分为东敞开段、东暗埋段和围堰明筑段三部分。东敞开段设计采用桩基础地基加固方案,桩径 0.6m/0.8m,东暗埋段采用 30cm 素混凝土垫层,局部旋喷桩加固/搅拌桩加固;围堰明筑段采用 30cm 素混凝土垫层,局部采用超挖换填/搅拌桩加固。

东岛上段经处理后的工后沉降控制标准为 5cm。

2.2.3 天然地基段的基础方案及沉降控制要求

1) 天然地基段整体地基处理方案

天然地基段里程范围为 K7+030~K11+281.2,管底地质条件见表 2-6。

天然地基段区段划分及管底地质条件简表 表 2-6

区段划分	里程范围	管节范围	管底地质条件
天然地基段	K7+030~K8+641.2	E32~E22 管节	4-1 残积土层及全强风化花岗岩层
	K8+641.2~K10+126	E21~E13 管节	4-1 残积土、3-6 中砂、3-2 粉质黏土层及局部 3-1 黏土层和 2-3 淤泥质土层
	K10+126~K11+281.2	E12~E6 管节	强/全/中风化花岗岩

天然地基段分为三个区段,靠近东侧的 E32~E22 管节,管底土层为 4-1 残积土层或全强风化花岗岩层,地基处理采用超挖换填 1.1m 厚块石振密层 +1m 厚碎石垫层方案,其中为了与东岛暗埋段实现刚度平缓过渡,K7+030~K7+040 地基处理采用 35cm 厚素混凝土 +50cm 厚堰筑段传力带 +1m 厚碎石垫层。中间的 E21~E13 管节,管底包括厚度小于 5m 的部分软弱土层(2-3 淤泥质土层、3-1 黏土层及 3-2 粉质黏土层),对于软弱土层较薄处,采用 2~3m 夯

平块石+1m厚碎石垫层方案;对于软弱土层较厚处,采用DCM桩处理软弱土层。DCM桩处理软弱土层后,DCM桩顶部换填1.1m的块石振密层,其上再铺设1m厚的碎石垫层。靠近西侧的E12~E6管节,管底为全/强/中风化岩层,地基处理采用1m厚碎石垫层方案。

中间天然地基段采用局部超挖夯平块石或者DCM地基处理,造价便宜,沉降可控。各区段处理方案见表2-7。

天然地基段地基处理方案　　　　　　　　　表2-7

区段划分	里程范围	管节范围	地基处理方案
天然地基段	K7+030~K7+040	E32	35cm厚素混凝土+50cm厚堰筑段传力带+1m厚碎石垫层
	K7+040~K8+634.0	E32~E22管节	1.1m厚块石振密层+1m厚碎石垫层
	K8+634.0~K8+900.0	E22~E20管节	2~3m厚块石夯平层+1m厚碎石垫层
	K8+900.0~K9+350.0	E20管节~E17管节	采用长5.6m的水泥土搅拌桩处理,桩间距按3m×4m矩形布置,置换率38.7%;1.1m厚块石振密层+1m厚碎石垫层
	K9+350.0~K9+720.0	E17管节~E15管节	2~3m厚块石夯平层+1m厚碎石垫层
	K9+720.0~K9+880.0	E15管节~E14管节	采用长5.6m的水泥土搅拌桩处理,桩间距按3m×4m矩形布置,置换率38.7%;1.1m厚块石振密层+1m厚碎石垫层
	K9+880.0~K10+100	E14~E13管节	2m厚块石夯平层+1m厚碎石垫层
	K10+100~K11+281.2	E13~E5管节	1m厚碎石垫层（E7管节局部80m增加0.7m厚碎石振密层）

天然地基段E21~E13管节DCM桩加固范围示意图如图2-6所示。

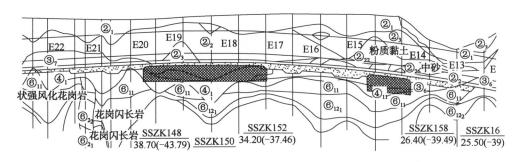

图2-6　天然地基段E21~E13管节DCM桩加固范围示意图

采用上述方案后,该区段管节沉放后的沉降小于50mm,总体沉降平顺、刚度协调。

2) 先铺法碎石垫层方案

先铺法碎石垫层方案由双层结构组成,下层为1.1m厚块石振密层,上层为1m厚碎石整平垫层。块石振密层的主要作用是减小挖槽误差影响,利于清除表面回淤淤泥,部分消除管底沉积淤泥对基础沉降的影响,在隧道基槽加深下挖后施工1.1m厚块石振密层,块石振密层底宽与槽底宽度平齐,顶面宽度接至槽底边坡。块石施工后进行振密。先铺法碎石垫层纵断面布置及细部构造图如图2-7所示。

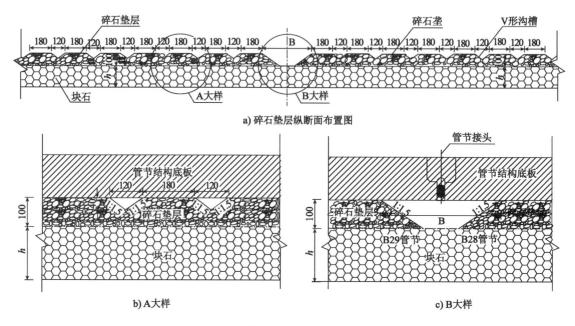

图2-7 先铺法碎石垫层纵断面布置及细部构造图(尺寸单位:cm)

在块石顶面采用整平船铺设1m厚碎石垫层。碎石垫层顶面最终高程与隧道各管节结构底高程一致。碎石垫层设置V形槽,纵断面锯齿形、平面S形铺设。碎石垫层顶横向宽度53m(结构宽46m + 结构外缘线两侧各预留2m + 两侧各放坡1.5m),单垄顶纵向宽度1.8m,V形槽顶纵向宽度1.2m,管节间大槽顶宽4.2m。碎石垄边坡坡度暂按1∶1.5设计,实际按自然休止角成形。先铺法碎石垫层平面布置图如图2-8所示。

碎石材料采用能够自由散落且未受污染、干净、耐久性良好、级配良好的碎石,碎石石料的无侧限抗压强度不小于30MPa。级配选用20~60mm级配碎石,控制粒径级配,增大孔隙率,增强纳淤能力。实施阶段可与承包商进一步沟通并进行必要的试验验证后,最终确定级配要求。

由于沉管隧道在施工和运营阶段会发生沉降,考虑长期使用要求,需在施工碎石垫层时预留沉降量(即预抛高)。预抛高值应结合管节沉放施工监测资料、管节对接施工工艺要求、沉降分析等综合确定。本阶段参照港珠澳大桥预抛高经验(3~7cm),暂按5cm考虑,建议承包商进场后,开展沉管纵向拖放过程对碎石垄变形影响的试验研究,由试验获得实测变形量,纳入预抛高范围。施工中将结合实测高程及沉降资料等,对碎石垫层顶预抛高设计进行动态调整。

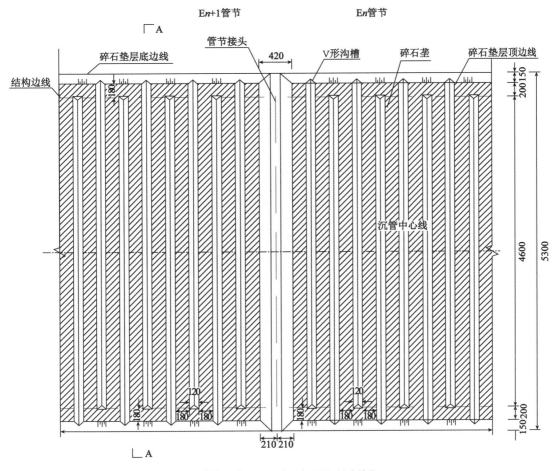

图 2-8 先铺法碎石垫层平面布置图(尺寸单位:cm)

3)清淤措施

先铺碎石垫层质量检测容易,施工工效较高,着床后可以立即回填,依托港珠澳大桥沉管隧道积累的丰富经验,通过监测与清淤可确保不出现回淤过大的重铺风险。但本项目回淤强度很大,管节宽、长度长,清淤难度很大,需研发能在碎石垫层整平完成后高效清淤且不扰动已铺垫层的清淤设备,做好防淤及清淤措施。结合试挖槽回淤观测结果建议,梳理提出以下防淤减淤措施:

(1)基于试挖槽内碎石垫层纳淤试验成果,优化基床碎石级配和垄沟宽度,选择 20~60mm 粒径级配碎石,将垄沟宽度增大到1.2m,提高大粒径比例,提升纳淤能力。

(2)选择合适的基槽开挖时机,不宜使基槽晾槽时间太长,整平前采用耙吸船清除基槽边坡和基床底部,加快碎石基床铺设速度,缩短沉放窗口期。

(3)研发垫层快速铺设装备以及快速清淤设备,提升整平和清淤工效。如有条件,建议承包商开展智能化水下扰动减淤装置的研发。

(4)建立施工期泥沙回淤的实时监测系统,沉放前及沉放过程中及时预警并进行清淤作业。

清淤专用船清淤作业原理与作业实景图如图 2-9 所示。

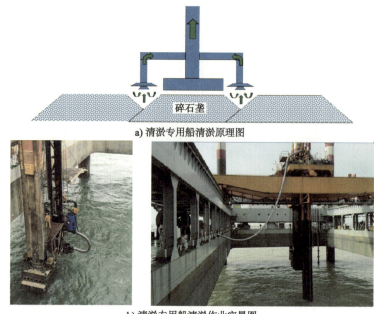

图 2-9　清淤专用船作业原理与作业实景图

2.2.4　西岛斜坡段的沉降控制目标

基础设计与地基处理的控制目标是实现地基总沉降与纵向差异沉降的可控。允许的纵向差异沉降(地基刚度)由隧道管节上的内力和允许接头最大张开量来决定。只有当未经处理的天然地基无法保证通过合理的措施满足结构设计要求时,才考虑对地基进行加固。地基加固需要考虑沉管段、堰筑段、暗埋段与敞开段等纵向不同区段基础方案的协调与刚度的平顺过渡,以达到整个工程风险造价最优的目的。对于沉管隧道来说,可将沉降划分为表 2-8 所列等级。

沉降划分等级　　　　　　　　　　　　　　　　表 2-8

等　级	沉降值 u
低	$u < 5cm$
中等	$5cm < u < 10cm$
高	$u > 10cm$

设计中,为避免区段之间差异沉降过大和从沉降等级"低"区段到"高"区段的过渡所需长度过大,沉降控制目标选在沉降等级"中等"的较高限。根据类似工程经验并结合详细分析计算,采用 8cm 作为沉管沉放后的总沉降控制标准。根据管节接头剪力键的承载能力及差异沉降分析结果,采用 3cm 作为相邻管节接头(每 165m 或每 123.8m)纵向差异沉降控制标准。然而,沉降控制目标只是在设计阶段的一个指导性参数,目的是将基础设计(如沉降/刚度)和结构设计(如不均匀沉降引起的内力)对应起来,在施工阶段将根据实际沉降情况进行动态调整。

2.3 DCM复合地基+块石振密+碎石垫层组合基础设计方案

2.3.1 DCM平面布置方式的对比与研究

为进一步优化深层水泥土搅拌桩布置,采用PLAXIS3D三维有限元软件对不同布置方式的DCM计算结果进行了分析。以K11+941.2断面为分析对象,壁式布置方案和单桩式布置方案分别如图2-10和图2-11所示。

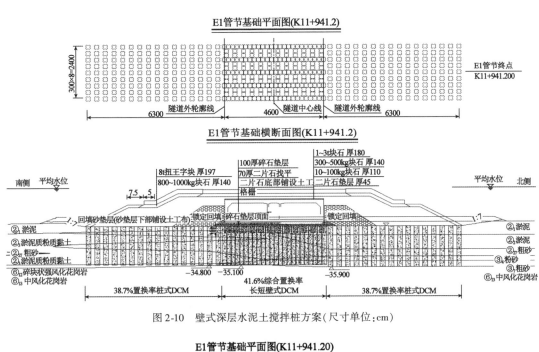

图2-10 壁式深层水泥土搅拌桩方案(尺寸单位:cm)

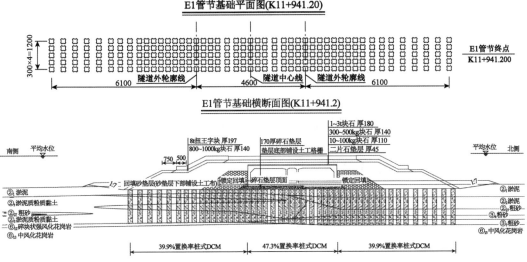

图2-11 单桩式深层水泥土搅拌桩方案(尺寸单位:cm)

取一半模型进行计算,计算得到壁式布置和单桩式布置方案在运营工况下沉管隧道、回填防护区及 DCM 的沉降见表 2-9。

西岛斜坡段复合地基设计方案参数表　　　表 2-9

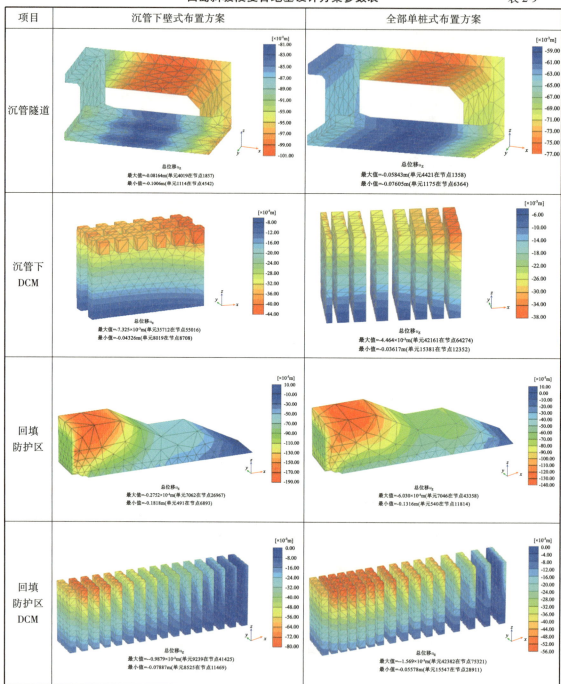

从计算结果可以看出,两种布置方案置换率较为接近,但单桩式布置方案较壁式布置方案沉管隧道及桩顶沉降都有较大幅度的降低。此外,现场工艺试验结果表明,DCM 桩浅层成桩

质量较差,桩身强度较低,因此,采用壁式布置时,短桩部分质量难以保证且强度较低。

综合以上因素,施工图联合设计阶段将沉管下布置方案改为单桩式布置,适当调整 DCM 的间距,提高桩的利用效率,减小桩顶沉降。

2.3.2 DCM 强度参数的选择与确定

Hiiiri HASHIMOTO、Takahiro YAMANASHI 等(2018 年)报道了水泥土搅拌桩长期强度特征的 30 年观测结果,指出随着时间的推移,深层搅拌法(干喷法)处理的水泥土强度不断提高,表明 DCM 桩身强度与时间对数函数呈现良好的线性关系。

根据日本一些研究人员长期观测的数据,DCM 的无侧限抗压强度随着时间的对数函数呈现线性变化趋势。根据深中通道相同位置不同时间设计强度的比较,得出适用于深中通道的 100 年内的无侧限抗压强度 q_T 与使用天数 T 的关系:

$$q_T = q_{60} + 1.648 \times (\lg T - \lg 60) \tag{2-1}$$

对于设计强度为 1.2MPa 的 DCM,则可简化换算为与使用时间 $t(s)$ 的关系:

$$q_T = 1.648 \times \lg(t/86400) - 1.33 \tag{2-2}$$

对于设计强度为 1.6MPa 的 DCM,则可简化换算为与使用时间 $t(s)$ 的关系:

$$q_T = 1.648 \times \lg(t/86400) - 1.73 \tag{2-3}$$

根据桩身变形模量与无侧限抗压强度的关系,可以获得任意时刻的桩身变形模量的数值:

$$E_p = 100 \times q_T = 100 \times [q_{60} + 1.648(\lg T - \lg 60)] \tag{2-4}$$

2.3.3 块石振密参数的选择与确定

为了获得经振密后块石振密层的变形模量,项目组开展了天然地基段块石振密试验,并在振密后的块石基础上开展了静载试验。

静载试验采用慢速维持荷载法,为保证静载试验时减小块石垫层高差的影响,采用大尺寸矩形荷载板(长 3.85m,宽 2.40m);为保证垫层厚度范围内平均作用荷载为 150kPa,计算不同厚度垫层变形模量时的荷载取值按相应的垫层表面荷载计算。

如图 2-12 所示,振沉量与振密率随振密时间的延长而逐渐增加,且增长速率逐渐减小,并趋于稳定;比较振密时间 20s、30s 和 45s 的块石垫层振密率,振密时间为 45s 的振密率最大,达 12.01%。使用荷载为 150kPa 时,变形模量随振密时间增大而逐渐增大,沉降量随振密时间增大而逐渐减小;振密时间 45s 的垫层的变形模量最大、沉降量最小,其中变形模量为 50.20MPa。

如图 2-13 所示,比较 0.85m、1.15m、1.91m 块石垫层振密率和变形模量,其中振密时间为 45s 时,0.85m 与 1.15m 振密效果相近,且优于 1.91m 块石垫层的振密效果,0.85m 垫层的振密率略小于 1.15m 垫层的振密率。1.91m 垫层振密 60s 的振密率略小于 0.85m 和 1.15m 垫层振密 45s 的振密率,达 11% 以上。就振密率而言,1.91m 垫层振密 60s 效果与 0.85m 和 1.15m 垫层振密 45s 效果相近。因此,建议 15~30cm 块石垫层厚度为 1.2m,相同振密时间(45s)下,该厚度的振密效果比较好。

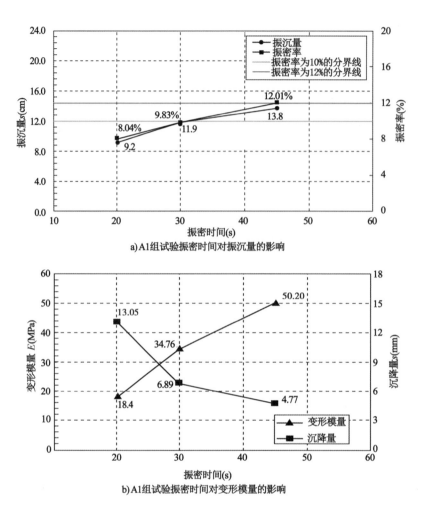

a) A1组试验振密时间对振沉量的影响

b) A1组试验振密时间对变形模量的影响

图 2-12 振沉量和变形模量随振密时间变化曲线

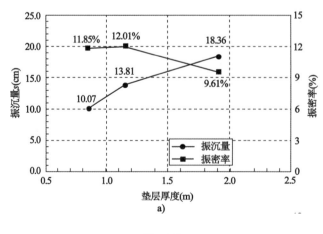

a)

图 2-13

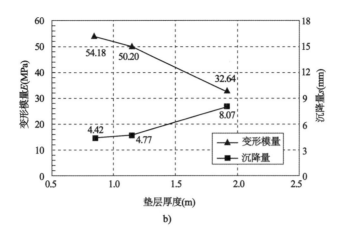

图 2-13 振沉量和变形模量与垫层厚度关系曲线

综上试验结果,振密块石模量为 40MPa。

2.3.4 碎石垫层参数的选择与确定

为获得 DCM 复合地基与垫层共同受力的沉降特性、荷载传递规律、荷载分担比等参数,对西岛斜坡段 DCM 处理后的复合地基承载力进行原位荷载板试验,试验方案见表 2-10。

DCM 试 验 方 案　　　　　　　　　　表 2-10

试验组号	桩数及布置	承 载 面 积	目 标 承 载 力
A1	4 桩,3m×4m 布置	48m²	158.6kPa,对应单桩 1.6MPa
A2	4 桩,3m×3m 布置	36m²	211.1kPa,对应单桩 1.6MPa

现场试验过程详见本书第 3.2 节。试验得到了如下结论:

(1)对桩间距 3m×4m 的复合地基施加 158.3kPa 的荷载时,沉降量为 65.9mm,其中第一级荷载瞬时沉降量为 38.8mm,桩土应力比为 9.01∶1。

(2)对桩间距 3m×3m 的复合地基施加 211.1kPa 的荷载时,沉降量为 107.7mm,其中第一级荷载瞬时沉降量为 57.0mm,桩土应力比为 7.84∶1。

随后,使用 Plaxis3D 软件对试验结果进行了反分析,分析结果表明:

(1)在第一级荷载作用下,反分析得到的 A1 组试验(0~47.1kPa)的碎石垫层压缩模量分别为 0.5MPa、1.2MPa、1.8MPa 和 6.5MPa,反分析得到的 A2 组试验(0~62.8kPa)的碎石垫层压缩模量分别为 1.45MPa、1.45MPa、1.85MPa 和 1.9MPa,抛除异常的 6.5MPa 数据,平均为 1.5MPa 左右。这个压缩模量可代表该荷载与人工整平条件下碎石垫层(含二片石在内)的垫层的压缩模量。

(2)在其他级荷载作用下,反分析得到的 A1 组试验(47.1~158.3kPa)的碎石垫层压缩模量分别为9.5MPa、9.5MPa、40MPa和12MPa,反分析得到的A2组试验(62.8～211.1kPa)的碎石垫层压缩模量分别为12MPa、30MPa、4.5MPa和4.5MPa,大部分在4.5～12MPa之间。这个模量与陆上模型箱中的试验数据范围一致。而30～40MPa基本可认为是垫层回弹再压缩的模量。

(3)综合考虑,碎石垫层的压缩模量取值为9MPa。

第3章 DCM复合地基+块石振密+碎石垫层组合基础的系列试验验证

3.1 现场配合比及强度试验研究

3.1.1 主要试验方案

深中通道西岛斜坡段采用水泥土搅拌桩高压旋喷桩和深层水泥土搅拌桩的地基处理方案,其中E1管节东段75m和E2~E5管节沉管底水泥土搅拌桩采用单桩式布置形式,单桩直径1.3m,搭接0.3m,四桩一簇直径2.3m,单桩沿纵向间距3m,沉管和回填防护下根据上部荷载大小桩的横向间距分为3m、4m和5m三种。以K11+941.2断面为例,其深层水泥土搅拌桩方案平面布置图如图3-1所示。

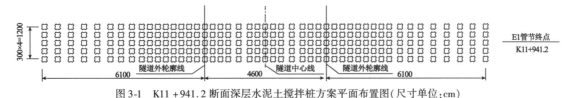

图3-1 K11+941.2断面深层水泥土搅拌桩方案平面布置图(尺寸单位:cm)

K11+941~K12+008范围内的E1管节荷载较大,要求加固体60d无侧限抗压强度设计值达到1.6MPa,其余区段管底加固体60d无侧限抗压强度设计值要求达到1.2MPa,水泥掺量根据现场典型试验确定。

1) 室内配合比试验方案

为了锁定目标水泥掺量,现场进行DCM试桩前,需开展室内配合比试验,为现场试桩配合比提供依据,试验方案见表3-1。

水泥掺量室内配合比试验 表3-1

方案编号	土 质	水泥掺量(kg/m³)	龄期强度试验
1	流泥	240、260、280、290、360、400	龄期为7d、14d、28d、56d的无侧限抗压强度试验,最终确定现场水泥最优掺量
2	淤泥	200、240、260、280、290、400	
3	淤泥质粉质黏土	200、260、280、360	
4	粉质黏土	200、260、280、360	

2)现场配合比与强度试验

为了保证 DCM 桩体质量满足设计要求,正式桩施工前需在工程桩附近区域进行试桩,试桩区域为沉管隧道北侧以及南侧采砂坑(图3-2)。北侧试桩 10 根,编号 SZ-1～SZ-10,桩底持力层为风化岩或中砂层,布置方式如图 3-3 所示;南侧采砂坑试桩共计 6 根,编号 SZ-11～SZ-16,桩底为粉质黏土层,布置方式如图 3-4 所示。

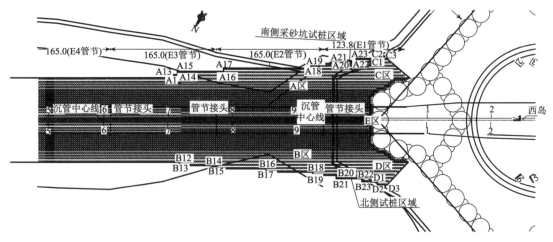

图 3-2 现场试桩位置图

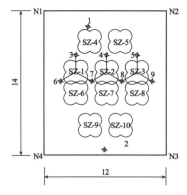   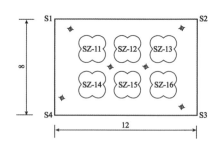

图 3-3 北侧试桩区域桩位平面布置图(尺寸单位:m)   图 3-4 南侧试桩区域桩位平面布置图(尺寸单位:m)

试桩水泥品牌选用青州水泥厂生产"金鹰"水泥,规格型号为 PO42.5,水灰比均为 0.9,桩长 17～19m。每根试桩的水泥掺量不同,具体掺量见表 3-2。DCM 桩施工工艺过程如图 3-5 所示。

现场试桩水泥掺量　　　　　　表 3-2

桩　　号	水泥掺量(kg/m³)	成桩日期	取样日期	取芯龄期(d)
SZ-1	260	2018/7/6	2018/9/7	63
SZ-2	290	2018/7/8	2018/9/2	56
SZ-3	320	2018/7/7	2018/8/27	51
SZ-4	230	2018/7/6	2018/9/9	65

续上表

桩　号	水泥掺量(kg/m³)	成桩日期	取样日期	取芯龄期(d)
SZ-5	280/260	2018/7/7	2018/9/19	74
SZ-6	380	2018/7/8	2018/8/19	42
SZ-7	310/290	2018/7/8	2018/9/21	75
SZ-8	320	2018/7/9	2018/8/17	39
SZ-9	350	2018/7/9	2018/8/21	43
SZ-10	350	2018/7/9	2018/8/23	45
SZ-11	230	2018/7/10	2018/10/19	101
SZ-12	260	2018/7/11	2018/10/14	95
SZ-13	290	2018/7/11	2018/10/15	96
SZ-14	320	2018/7/12	2018/10/18	98
SZ-15	350	2018/7/11	2018/10/12	93
SZ-16	380	2018/7/11	2018/10/11	92

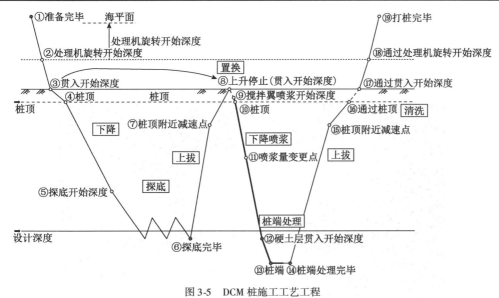

图 3-5　DCM 桩施工工艺工程

3.1.2　试验实施过程

1) 现场取芯

现场有两类钻探检测平台可供使用,一是利用"砂桩6号"DCM施工船舶作为取芯检测平台,在"砂桩6号"越池位置固定钻机,检测前通过船舶打桩设备中的定位系统进行海中精确定位;二是利用"方驳118"弦边焊接加工钻探平台,检测前通过 RTK(Real-time Kinematic,实时动态载波相位差分技术)进行取芯定位。严格执行平潮期下套管至桩顶,并要求套管底部进入 DCM 桩顶至少 0.5m。钻孔取芯检测工艺流程如图 3-6 所示。取芯工作中通过定位系统实时显示定位偏差,在位置偏差大于15cm时通过缴锚微调至取芯位置,以保证取芯钻杆垂直度满足相关要求。

图3-6 钻孔取芯工艺流程

2)室内强度试验

现场取芯后,按照检测大纲要求进行切样,每米尽量保证一个芯样,且不多于3个芯样,按照1∶1的要求制样,切样后立即放入样箱进行现场养护,运输途中确保样箱平稳,送至试验室后进行标准养护,直至无侧限抗压强度试验。

室内无侧限抗压强度试验采用100kN压力机,试验前用游标卡尺量取试样的高度与直径,并进行必要的表观描述;强度试验采用应力控制模式,以0.15kN/s的速度匀速施加压力,直至压力峰值出现后结束试验,并及时保存记录数据。现场取芯及室内抗压强度试验如图3-7所示。

图3-7 现场取芯及室内抗压强度试验

3.1.3 数据分析及主要结论

1)DCM室内配合比试验

试验结果如图3-8所示。整体上,随水泥掺量的增加,试样的抗压强度增加;水泥掺量低于290kg/m³时,提高水泥掺量,试样抗压强度增长较慢;水泥掺量高于290kg/m³时,提高水泥掺量,试样抗压强度增长较快;龄期越大,试样的抗压强度越大。水泥掺量为290kg/m³、龄期为28d的淤泥质粉质黏土和粉质黏土的强度达到2.0MPa,流泥和淤泥的强度均低于2.0MPa;龄期到56d时,除流泥外,强度均在3.5MPa以上。当龄期较短时,水泥掺量对提高粉质黏土的抗压强度影响较大。综合来看,各水泥掺量56d龄期强度均能达到2MPa以上。因此,现场采用"金鹰"PO42.5水泥进行试桩配合比选择时,水灰比参考值为0.9,水泥掺量参考值为200kg/m³。

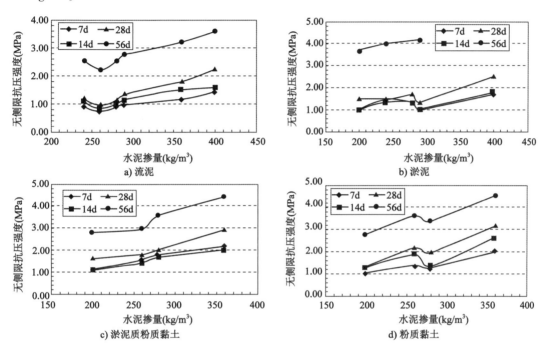

图3-8 室内配合比无侧限抗压强度试验结果

2) 现场取芯结果与分析

(1) 取芯结果与换算方法。

现场取芯情况见表3-2。由于取芯龄期不同,统一换算为60d龄期无侧限抗压强度值。

根据国家"九五"重点攻关项目"深水枢纽港关键技术及示范工程"的"海上深层水泥土搅拌桩加固软基技术(海上CDM工法)研究"课题的专题之一,水泥搅拌土工程特性研究(海上CDM工法)的研究成果,现场的$\frac{q_{uT_i}}{q_{u90}}$-T_i曲线变化规律如下:

$$\frac{q_{uT_i}}{q_{u90}} = \frac{T_i}{a + bT_i} \quad (3-1)$$

式中,$a=24.238$;$b=0.7204$;T_i为试验龄期。

根据上式,通过室内无侧限抗压强度试验推算出60d龄期无侧限抗压强度值。

(2) 推算桩60d无侧限抗压强度值。

本工程设计的目标强度值为1.6MPa/1.2MPa;本次试验由于工期紧张,故需要以实际试验龄期的无侧限抗压强度值来推算桩60d的无侧限抗压强度值。根据相关国家"九五"重点攻关项目研究课题成果,推算出各试桩的60d无侧限抗压强度与实际龄期无侧限抗压强度的比值,结果见表3-3。

试桩芯样无侧限抗压强度结果 表3-3

桩号	水泥掺量(kg/m³)	试验龄期(d)	样品数			60d 无侧限抗压强度(MPa)			1.2MPa合格率(%)	1.6MPa合格率(%)
			总数	>1.2MPa	>1.6MPa	最大值	最小值	平均值		
SZ-1	260	63	31	25	19	4.5	0.8	2.16	81	61
SZ-2	290	56	30	26	21	4.38	0.68	2.49	87	70
SZ-3	320	51	29	29	29	4.91	1.86	2.92	100	100
SZ-4	230	65	33	31	25	3.73	0.51	2.2	94	76
SZ-5	280/260	74	34	29	23	3.23	0.9	1.99	85	68
SZ-6	380	42	32	32	30	4.43	1.42	2.59	100	94
SZ-7	310/290	75	35	33	33	5.4	1.07	2.91	94	94
SZ-8	320	39	28	28	26	4.94	1.54	2.52	100	93
SZ-9	350	43	31	31	30	4.19	1.59	2.52	100	97
SZ-10	350	45	30	30	28	4.14	1.23	2.72	100	93
SZ-11	230	101	18	18	16	4.08	1.23	2.27	100	89
SZ-12	260	95	20	20	20	4.3	1.6	2.9	100	100
SZ-13	290	96	31	30	27	4.82	1.15	2.86	97	87
SZ-14	320	98	34	34	31	5.45	1.29	2.66	100	91
SZ-15	350	93	33	30	28	3.14	0.96	2.01	91	85
SZ-16	380	92	33	32	30	3.36	1.13	2.4	97	91

从表中可以看出,北侧各桩体(SZ-1~SZ-10)强度1.2MPa合格率介于81%~100%之间,其中水泥掺量230kg/m³时,桩体强度1.2MPa合格率可达94%;桩体强度1.6MPa合格率介于61%~100%之间,其中水泥掺量320~380kg/m³的桩体强度1.6MPa合格率为93%~100%。南侧采砂坑各桩体强度1.2MPa合格率介于91%~100%之间,其中水泥掺量230kg/m³时,桩体强度1.2MPa合格率达到100%,受取芯工艺影响,其他掺量合格率出现小幅波动;桩体强度1.6MPa合格率为85%~100%。

(3)试桩水泥掺量对成桩质量的影响分析。

对不同水泥掺量试桩推算的60d无侧限抗压强度结果进行统计,结果如图3-9、图3-10所示。检测结果显示,随着水泥掺量的增加,桩身强度合格率及无侧限抗压强度平均值均相应增长,但320kg/m³掺量以上水泥用量的增长对成桩质量的提升效果不强。

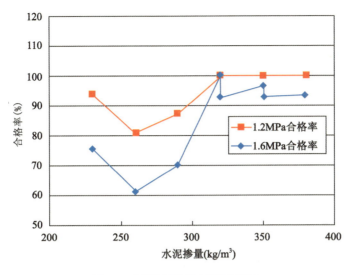

图3-9　芯样抗压强度合格率分布图

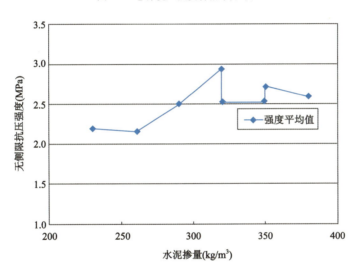

图3-10　桩体平均强度-水泥掺量关系曲线

（4）水泥掺量对不同地层加固效果的影响分析。

统计试桩区域各土层成桩质量,结果见表3-4、表3-5。

土层分层成桩质量分析结果（北侧）　　　　　表3-4

地层	水泥掺量（kg/m³）	取芯率（%）	样品数			60d 无侧限抗压强度（MPa）			桩体强度1.2MPa合格率（%）	桩体强度1.6MPa合格率（%）
			总数	>1.2MPa	>1.6MPa	最大值	最小值	平均值		
淤泥层	230	100	14	14	14	3.73	1.64	2.69	100	100
	260	91	11	10	9	3.64	1.18	2.39	91	82
	290	97	19	19	14	4.38	1.3	2.33	100	74

续上表

地层	水泥掺量（kg/m³）	取芯率（%）	样品数 总数	样品数 >1.2MPa	样品数 >1.6MPa	60d无侧限抗压强度（MPa）最大值	60d无侧限抗压强度（MPa）最小值	60d无侧限抗压强度（MPa）平均值	桩体强度1.2MPa合格率（%）	桩体强度1.6MPa合格率（%）
淤泥层	320	94	15	15	15	4.94	2.4	3.35	100	100
淤泥层	350	99	17	16	16	4.19	0.92	2.46	94	94
淤泥层	380	75	3	3	3	4.13	2.48	3.46	100	100
淤泥质粉质黏土	230	83	3	2	2	2.4	1.33	1.9	100	67
淤泥质粉质黏土	260	88	3	2	3	4.5	2.86	3.71	100	100
淤泥质粉质黏土	290	96	7	7	7	3.88	2.8	3.19	100	100
淤泥质粉质黏土	320	84	9	9	9	4.91	1.95	3.6	100	100
淤泥质粉质黏土	350	90	5	5	5	3.52	2.02	2.52	100	100
淤泥质粉质黏土	380	93	6	6	6	4.43	2.68	3.38	100	100
粉质黏土	230	90	12	7	7	3.06	1.22	1.95	100	58
粉质黏土	260	90	12	4	4	3.91	0.8	1.71	67	33
粉质黏土	290	87	17	16	16	4.19	1.03	2.83	94	94
粉质黏土	320	89	9	8	8	2.82	1.57	2.3	100	89
粉质黏土	350	79	29	29	29	4.13	1.81	2.79	100	100
粉质黏土	380	80	9	9	9	3.08	1.84	2.15	100	100
中砂层	230	64	—	—	—	—	—	—	—	—
中砂层	260	86	2	2	2	3.13	1.67	2.4	100	100
中砂层	290	80	—	—	—	—	—	—	—	—
中砂层	320	95	13	13	13	3	1.62	2.29	100	100
中砂层	350	84	5	5	5	3.14	2.18	2.45	100	100
中砂层	380	81	3	3	3	2.89	1.93	2.28	100	100
风化岩	230	100	—	—	—	—	—	—	—	—
风化岩	260	40	—	—	—	—	—	—	—	—
风化岩	290	89	—	—	—	—	—	—	—	—
风化岩	320	63	4	4	4	3.67	1.99	2.3	100	100
风化岩	350	97	—	—	—	—	—	—	—	—
风化岩	380	100	8	8	7	4.3	1.53	2.41	100	88

土层分层成桩质量分析结果（南侧） 表3-5

地层	水泥掺量（kg/m³）	取芯率（%）	样品数 总数	样品数 >1.2MPa	样品数 >1.6MPa	60d无侧限抗压强度（MPa）最大值	60d无侧限抗压强度（MPa）最小值	60d无侧限抗压强度（MPa）平均值	桩体强度1.2MPa合格率（%）	桩体强度1.6MPa合格率（%）
淤泥层	230	98	4	4	4	4.03	2.11	3.26	100	100
淤泥层	260	100	4	4	4	3.8	2	3	100	100

续上表

地层	水泥掺量 (kg/m³)	取芯率 (%)	样品数			60d 无侧限抗压强度(MPa)			桩体强度 1.2MPa 合格率 (%)	桩体强度 1.6MPa 合格率 (%)
			总数	>1.2MPa	>1.6MPa	最大值	最小值	平均值		
淤泥层	290	100	8	8	8	4.04	2.64	3.25	100	100
	320	100	12	12	12	5.45	2.12	3.85	100	100
	350	89	14	13	11	3.14	1.13	1.94	93	79
	380	100	9	9	9	2.9	1.78	2.52	100	100
淤泥质粉质黏土	230	100	3	3	3	2.95	2.25	2.67	100	100
	260	100	3	3	3	4.3	3.3	3.7	100	100
	290	100	4	4	3	2.46	1.51	1.88	100	75
	320	100	4	4	4	2.99	1.77	2.37	100	100
	350	98	7	5	5	2.66	0.96	1.89	71	71
	380	100	5	5	5	3.27	1.89	2.59	100	100
粉质黏土	230	100	6	6	6	2.31	1.74	1.97	100	100
	260	100	6	6	6	4.1	2.3	3.3	100	100
	290	100	13	13	12	4.82	1.39	3.38	100	92
	320	100	4	4	4	3.36	1.71	2.35	100	100
	350	99	12	12	12	2.8	1.66	2.17	100	100
	380	95	12	11	10	3.36	1.13	2.53	92	83
中砂层	230	100	3	3	1	1.89	1.28	1.53	100	33
	260	100	1	1	1	1.6	1.6	1.6	100	100
	290	100	—	—	—	—	—	—	—	—
	320	100	4	4	3	1.84	1.48	1.72	100	75
	350	—	—	—	—	—	—	—	—	—
	380	95	3	3	3	1.89	1.63	1.8	100	100
粉黏	230	—	—	—	—	—	—	—	—	—
	260	—	—	—	—	—	—	—	—	—
	290	100	—	—	—	—	—	—	—	—
	320	100	6	6	4	2.37	1.29	1.83	100	67
	350	—	—	—	—	—	—	—	—	—
	380	95								

从表 3-4 和表 3-5 中可以看出,北侧各土层在水泥掺量为 230kg/m³ 时,桩体强度 1.2MPa 合格率达到 100%;桩体水泥掺量为 290kg/m³ 时,在桩顶桩底 5m 范围增加 30kg/m³ 时,桩体强度 1.6MPa 合格率达到 90%以上。南侧采砂坑各土层在水泥掺量为 230kg/m³ 时,桩体强度 1.2MPa 合格率达到 100%;桩体水泥掺量为 320kg/m³ 时,桩体强度 1.6MPa 合格率除中砂层

下的粉质黏土层外均达到100%。

(5)结论。

桩体强度1.2MPa合格率介于81%~100%之间,其中水泥掺量为230kg/m³时,桩体强度1.2MPa合格率可达94%;桩体强度1.6MPa合格率介于61%~100%之间,其中水泥掺量在320~380kg/m³之间的桩体强度1.6MPa合格率介于93%~100%之间。南侧采砂坑各桩体强度1.2MPa合格率介于88%~100%之间,其中水泥掺量230kg/m³时,桩体强度1.2MPa合格率达到100%,受取芯工艺影响,其他掺量合格率出现小幅波动;水泥掺量达到320kg/m³以上时,除个别受取芯工艺影响桩(南侧350kg/m³)外,1.6MPa合格率可达91%。

综上评判,建议桩体强度1.2MPa优选水泥掺量260kg/m³;桩体强度1.6MPa优选水泥掺量320kg/m³。

3.2 DCM复合地基原位荷载板试验

3.2.1 主要试验方案

1)试验内容

对深中通道西岛斜坡段DCM处理后复合地基承载力进行原位荷载板试验,试验需待DCM桩龄期至少60d后进行,开展2组复合地基承载力试验。

具体试验参数见表3-6。

复合地基承载力试验方案　　　　表3-6

试验组号	桩数及布置	承载面积	目标承载力(kPa)	最大试验荷载	水泥掺量要求
A1	4桩 3m×4m布置	48m²	158.6kPa 对应单桩1.6MPa	≥7612.8kN	试验区范围内水泥掺量取320kg/m³
A2	4桩 3m×3m布置	36m²	211.1kPa 对应单桩1.6MPa		

为减小二片石和碎石垫层应力扩散对荷载板试验的影响,试验时采用30cm厚的碎石垫层取代设计中"0.7m厚二片石找平层+1m厚碎石垫层"方案,30cm碎石垫层厚度以DCM施工后桩顶高程最高的算起。

2)试验地点和数量

为避免岛头位置交叉施工干扰,选择在E3管节中段南侧位置进行DCM试验,如图3-11所示。按设计要求,该位置桩顶高程最低为-17.4m,在划定区域内统一将桩顶施工高程控制在-16.9m(超高0.5m,后期清除以消除表层成桩质量隐患),进行荷载试验后,试验桩经再次开挖,未来兼作回填防护区DCM桩。

本次试验共打设98根DCM桩,具体的布置方式如图3-12所示。98根DCM桩均为桩端进入全风化层顶。

其中,编号为10、11、18和19的四根DCM桩用于3m×4m复合地基荷载板试验(对应试验组号A1),编号为14、15、22和23的四根DCM桩用于3m×3m复合地基荷载板试验(对应试验组号 A2),其余单桩式桩基作为施工加载的保护桩基,并可用于钻孔取芯作对比。

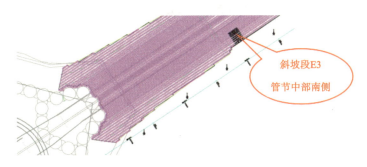

图 3-11 试验区位置

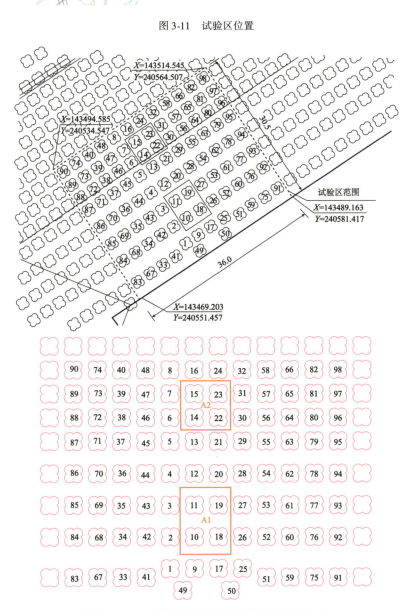

图 3-12 DCM 荷载板试验桩位布置图(尺寸单位:m)

各桩的中心点坐标见表3-7。

DCM 荷载板试验桩位坐标　　　　　表 3-7

DCM 桩号	中心点 X 坐标(m)	中心点 Y 坐标(m)	桩顶高程(m)	桩底高程(m)
1	143480.017	240560.474	−17.773	−32.838
2	143483.346	240558.257	−18.344	−33.026
3	143486.674	240556.039	−19.058	−33.299
4	143490.003	240553.821	−19.630	−33.572
5	143493.332	240551.603	−20.201	−33.846
6	143495.829	240549.940	−20.773	−34.051
7	143498.325	240548.277	−21.201	−34.256
8	143500.822	240546.613	−21.630	−34.461
9	143481.680	240562.971	−17.837	−32.802
10	143485.009	240560.753	−18.409	−33.076
11	143488.338	240558.535	−19.123	−33.349
12	143491.667	240556.318	−19.694	−33.623
13	143494.995	240554.100	−20.266	−33.896
14	143497.492	240552.437	−20.837	−34.101
15	143499.989	240550.773	−21.266	−34.306
16	143502.485	240549.110	−21.694	−34.511
17	143483.343	240565.468	−17.902	−32.852
18	143486.672	240563.250	−18.473	−33.126
19	143490.001	240561.032	−19.188	−33.399
20	143493.330	240558.814	−19.759	−33.673
21	143496.659	240556.597	−20.330	−33.946
22	143499.155	240554.933	−20.902	−34.151
23	143501.652	240553.270	−21.330	−34.356
24	143504.149	240551.607	−21.759	−34.523
25	143485.007	240567.964	−17.967	−32.693
26	143488.336	240565.747	−18.538	−33.176
27	143491.664	240563.529	−19.252	−33.449
28	143494.993	240561.311	−19.824	−33.723
29	143498.322	240559.093	−20.395	−33.996
30	143500.819	240557.430	−20.967	−34.201
31	143503.315	240555.766	−21.395	−34.406
32	143505.812	240554.103	−21.824	−34.523
33	143475.858	240556.036	−17.500	−32.967
34	143480.019	240553.263	−18.215	−32.983

第3章　DCM复合地基+块石振密+碎石垫层组合基础的系列试验验证

续上表

DCM 桩号	中心点 X 坐标(m)	中心点 Y 坐标(m)	桩顶高程(m)	桩底高程(m)
35	143483.348	240551.045	−18.929	−33.199
36	143486.677	240548.828	−19.500	−33.472
37	143490.005	240546.610	−20.072	−33.746
38	143492.502	240544.947	−20.643	−33.951
39	143494.999	240543.283	−21.072	−34.156
40	143497.495	240541.620	−21.500	−34.361
41	143477.521	240558.532	−17.565	−32.901
42	143481.682	240555.760	−18.279	−32.976
43	143485.011	240553.542	−18.994	−33.249
44	143488.340	240551.324	−19.565	−33.522
45	143491.669	240549.107	−20.136	−33.796
46	143494.165	240547.443	−20.708	−34.001
47	143496.662	240545.780	−21.136	−34.206
48	143499.159	240544.117	−21.565	−34.411
49	143478.601	240563.220	−21.270	−32.797
50	143481.928	240568.213	−21.336	−32.902
51	143485.838	240571.015	−17.888	−32.884
52	143489.999	240568.243	−18.603	−33.226
53	143493.328	240566.025	−19.317	−33.499
54	143496.657	240563.808	−19.888	−33.773
55	143499.985	240561.590	−20.460	−34.047
56	143502.482	240559.926	−21.031	−34.251
57	143504.979	240558.263	−21.460	−34.457
58	143507.475	240556.600	−21.888	−34.523
59	143487.501	240573.512	−17.953	−32.934
60	143491.662	240570.740	−18.667	−33.276
61	143494.991	240568.522	−19.382	−33.55
62	143498.320	240566.304	−19.953	−33.823
63	143501.649	240564.086	−20.524	−34.097
64	143504.145	240562.423	−21.096	−34.302
65	143506.642	240560.760	−21.524	−34.507
66	143509.139	240559.096	−21.953	−34.523
67	143474.194	240553.539	−17.436	−33.033
68	143478.355	240550.767	−18.150	−33.049
69	143481.684	240548.549	−18.864	−33.149

续上表

DCM 桩号	中心点 X 坐标(m)	中心点 Y 坐标(m)	桩顶高程(m)	桩底高程(m)
70	143485.013	240546.331	−19.436	−33.422
71	143488.342	240544.113	−20.007	−33.696
72	143490.839	240542.450	−20.579	−33.901
73	143493.335	240540.787	−21.007	−34.106
74	143495.832	240539.123	−21.436	−34.311
75	143489.164	240576.009	−18.018	−32.984
76	143493.326	240573.237	−18.732	−33.326
77	143496.654	240571.019	−19.446	−33.6
78	143499.983	240568.801	−20.018	−33.873
79	143503.312	240566.583	−20.589	−34.147
80	143505.809	240564.920	−21.160	−34.352
81	143508.305	240563.256	−21.589	−34.557
82	143510.802	240561.593	−22.018	−34.523
83	143472.531	240551.042	−17.371	−33.099
84	143476.692	240548.270	−18.085	−33.115
85	143480.021	240546.052	−18.800	−33.128
86	143483.350	240543.834	−19.371	−33.372
87	143486.679	240541.617	−19.943	−33.646
88	143489.175	240539.953	−20.514	−33.851
89	143491.672	240538.290	−20.943	−34.056
90	143494.169	240536.627	−21.371	−34.261
91	143490.828	240578.505	−18.082	−33.035
92	143494.989	240575.733	−18.797	−33.376
93	143498.318	240573.515	−19.511	−33.65
94	143501.647	240571.298	−20.082	−33.923
95	143504.976	240569.080	−20.654	−34.197
96	143507.472	240567.416	−21.225	−34.402
97	143509.969	240565.753	−21.654	−34.567
98	143512.465	240564.090	−22.082	−34.522

3）试验方法与加载系统

（1）试验系统组成。

试验系统由荷载块、承压板、基准板、基准板吊架、测量系统以及沉箱荷载块与承压板之间的吊具组成，采用满足吊装要求的起重船进行水下吊装测试：

①吊架固定在荷载块上用于吊装基准板。

②承压板通过钢丝绳吊装在荷载块底部,安装有沉降测量系统、荷载块限位装置等。承压板顶面距离荷载块垂直净距800mm。

③基准板采用吊架连接在荷载块上,与承压板之间水平净距6.0m,基准板底面与承压板底面位于同一水平面上。

④测量系统安装在承压板及基准板上,采用两套测试系统独立测量承压板相对于基准板的沉降量。

⑤采用超声波测深仪测量荷载块与基础之间距离,用于试验系统安放速度的控制。

⑥采用两部水下摄像头对水下情况进行观察,指导试验系统的安装,观察承压板的安放、定位情况等。

(2)荷载块。

荷载块(图3-13)采用分块的混凝土块。荷载块方案具体由承包商根据自身能力条件来定。具体荷载块的吨位要求为:复合地基总荷载不小于761.3t,至少分4级加载。沉箱荷载块的底宽要求为8m×4m(长×宽)。荷载块不宜出水面,要在波浪荷载作用下能够保持稳定。在解决极限荷载条件下,需要做好数据记录,一旦出现过量变形,要带有及时的补救措施。卸载采用逐级卸载方式。荷载块上预埋钢板用于焊接基准板吊架以及辅助设施的吊点等结构。

图3-13 荷载块

(3)承压板。

承压板底面尺寸为6m×8m。承压板采用型钢及钢板焊接而成,承压板上设置有安放仪器的测试台座,以及与荷载块之间的限位装置。同时,承压板内填充泡沫,以减轻承压板自重对地基沉降造成的影响。

承压板结构示意图如图3-14所示。

(4)吊架和基准板。

吊架安装在荷载块两侧,用于悬挂基准板系统。基准板距离承压板净间距6.0m,满足规范3.0倍板宽的要求。基准板上安装静力水准仪作为基准点。

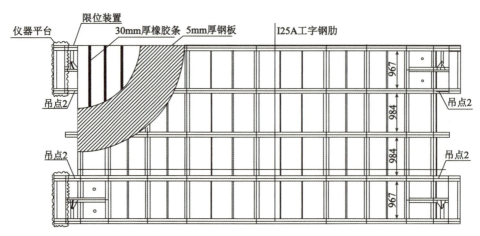

图3-14 承压板结构示意图(尺寸单位:cm)

试验系统示意图如图3-15所示。

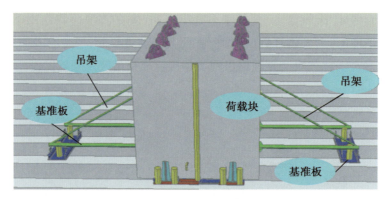

图3-15 试验系统示意图

4)试验系统的定位与安放

将试验区域坐标输入定位方驳计算机中,定位方驳根据电子海图自航至试验区域,通过锚艇抛设4口定位锚,完成方驳粗定位。根据定位船上GPS(Global Positioning System,全球定位系统)显示的安装区位置绞动锚缆,完成方驳的精确就位。试验系统沿安装在定位方驳船舷的支撑钢管位置下放。

起重船在试验区域抛锚就位后,自航甲板驳运输方块靠泊定位方驳。起重船松后锚缆,收紧前锚缆前移就位,自运输驳吊起荷载块,缓慢松前锚缆,同时绞动后锚缆向后退出一定距离,待自航甲板驳解缆驶离定位方驳后,起重船松后锚缆绞动前锚缆前移定位,准备安装荷载块。定位方驳根据GPS显示安装位置,调整锚缆再次精确定位,起重船吊起荷载块沿定位方驳船舷下放安装,试验块长度方向垂直于定位方驳。试验块安放示意图如图3-16所示。

试验测试平台选择在定位方驳上,测试系统导线在起重船起吊前由运输方驳移至定位方驳上,通过定位方驳进行测试。

第3章 DCM复合地基+块石振密+碎石垫层组合基础的系列试验验证

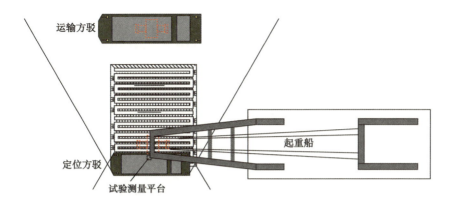

图 3-16 试验块安放示意图

起重船在下放试验系统过程中应缓慢平稳,并根据安放在荷载块上的摄像头观察底部承压板情况,当快接近碎石垫层时,降低下降速度,同时密切关注超声波测深仪测试深度变化,当测深仪显示承压板已经落至基床时应立即停止下放,等待2min,读取仪器初始值;初始值读取完成后缓慢下放荷载块,直至荷载块完全安放在承压板上。

3.2.2 试验实施过程

本次试验方案由中交第一航务工程局有限公司、中交天津港湾工程研究院、中交公路长大桥建设国家工程研究中心共同完成,报深中通道管理中心审批实施。测试系统及加载系统加工及试验实施工作由中交第一航务工程局有限公司、中交天津港湾工程研究院共同完成。

本次现场正式加载试验自2019年1月21日开始,至2019年2月1日结束,共历时11d,试验实施过程如图3-17所示。

1)桩顶沉渣及清理

试验区基槽精挖施工后,对试验区进行扫海测量,通过潜水探摸结果计算得到试验区的开挖后碎桩渣层平均厚度约为46cm。该沉渣层主要为抓斗在挖泥过程中的掉渣掉块所形成。

由于DCM桩已达到或超过60d强度,因此,抓斗在挖取DCM桩表层时,会形成DCM桩高低不平、渣块大小不一的情况,需要引起高度重视。本次试验通过潜水人员作业清理桩渣,除局部大块桩渣未清除外,试验区内的桩渣已全部清除。但对沉管底的抓斗挖泥作业,需要施工方确定减少掉渣掉块及清渣清块的工艺可行性。

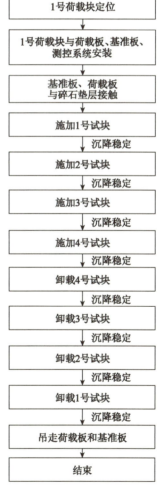

图 3-17 试验实施过程

2）土压力盒安装及桩顶高程确认

A1组、A2组沉降测点及土压力盒埋设位置分别如图3-18、图3-19所示。桩渣清除后,A1、A2试验区土压力盒埋设按图埋设,土压力盒T1~T7的埋设高程分别为 −17.65m、−17.97m、−17.93m、−17.88m、−17.99m、−17.97m、−17.54m,土压力盒T8~T14的埋设高程分别为 −17.69m、−17.72m、−17.73m、−17.52m、−17.82m、−17.81m、−17.76m。将DCM桩顶面的土压力盒的竖向高程作为所在DCM桩的桩顶高程。

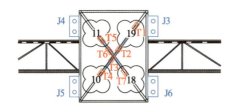 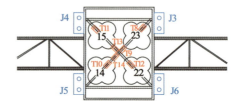

图3-18　A1组试验沉降测点及土压力盒埋设位置　　图3-19　A2组试验沉降测点及土压力盒埋设位置

根据现场实际试验情况,第一次清完桩渣铺设碎石垫层后扫测的水深结果分别如图3-20、图3-21所示。

图3-20　A1工况扫测结果(尺寸单位:m)　　图3-21　A2工况扫测结果(尺寸单位:m)

3）垫层厚度及补抛过程

土压力盒埋设后用挖机方驳水上抛石、人工水下整平的方法铺设碎石垫层。A1组垫层平均厚度约为58cm,A2垫层平均厚度约为103cm。

上述厚度远超设计厚度(30cm),既表明了水下整平的难度,也说明人工整平的精度与整平船整平之间存在较大差别。

在人工铺平之后,先将第一级荷载块放置2h,观察荷载块的平整程度,再开展相关测试设备的安装调试。在这个过程中,发现A1组和A2组模型都存在垫层不平整的现象,因此,都进行了补充抛填。

4）直接量测

直接开展第一组的量测工作，这样垫层的模量及厚度在荷载板范围内会存在一定的差异，进而影响试验的平整度。

3.2.3 数据分析及主要结论

1）沉降数据分析

现场两组试验在加载过程中各测点的沉降时程曲线如图 3-22、图 3-23 所示。其中，A1 组试验结果如图 3-24、表 3-8 所示，A2 组试验结果如图 3-25、表 3-9 所示。

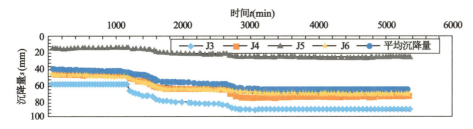

图 3-22　A1 组试验各测点沉降时程曲线

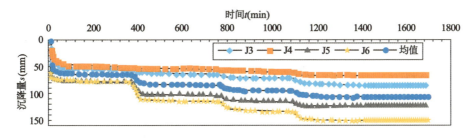

图 3-23　A2 组试验各测点沉降时程曲线

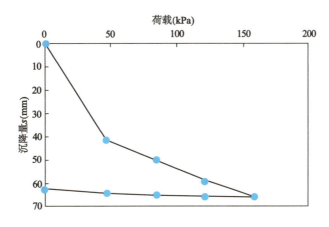

图 3-24　A1 组试验加/卸载-沉降曲线

A1 组试验各级荷载施加沉降分布   表 3-8

荷载级	荷载	沉降量(mm)				
		J3	J4	J5	J6	平均
第一级	47.1	61.1	44.7	12.9	47.8	41.6
第二级	84.2	73.1	53.8	15.9	56.2	49.8
第三级	121.2	83.9	66.3	21.7	63.8	58.9
第四级	158.3	92.8	76.8	25.7	68.4	65.9
卸载第四级	121.2	92.7	76.4	25.8	68.3	65.8
卸载第三级	84.2	92.2	75.2	25.3	67.6	65.1
卸载第二级	47.1	91.9	73.6	25.5	67	64.5
卸载第一级	0	89.9	69.9	27.7	62.3	62.5

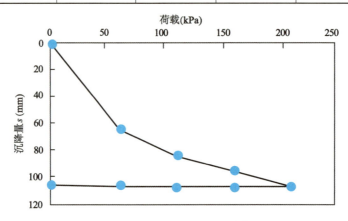

图 3-25 A2 组试验加/卸载-沉降曲线

A2 组试验各级荷载施加沉降分布   表 3-9

荷载级	荷载	沉降量(mm)				
		J3	J4	J5	J6	平均
第一级	62.8	52	50.3	78.6	78.7	64.9
第二级	112.3	63.6	55.8	103.7	114.5	84.4
第三级	161.7	72.2	62.1	116.3	133.5	96.0
第四级	211.1	84.9	68.3	125.2	152.2	107.7
卸载第四级	161.7	84.9	68.3	125.2	152.2	107.7
卸载第三级	112.2	85.0	67.9	125.2	152.1	107.6
卸载第二级	62.8	84.9	67.3	125.0	150.6	107.0
卸载第一级	0	83.6	66.1	124.6	149.4	105.9

由加载过程各测点的沉降时程曲线可以发现,荷载试验区内,随着荷载施加沉降迅速发生并快速收敛,每级荷载施加后主要沉降基本在 1~2h 内完成,其中,第一级荷载施加时的瞬时沉降明显,加载瞬时沉降量较大,从总沉降量上对比,该级荷载下的瞬时沉降已超过总沉降量的 50%,其中 A1 组第一级荷载瞬时沉降量为 38.8mm,A2 组第一级荷载瞬时沉降量为 57.0mm。

如表 3-8、图 3-24 所示，A1 组第一级荷载 47.1kPa 下沉降量为 41.6mm，第二级荷载 (37.1kPa)单级沉降量为 8.2mm，第三级荷载(37.1kPa)下单级沉降量为 9.2mm，第四级荷载 (37.1kPa)下单级沉降量为 7.0mm。A1 组试验在总荷载 158.3kPa 的作用下，总沉降量为 65.9mm。卸载过程中，各级荷载沉降回弹量较小，由第四级至第一级每级荷载回弹量分别为 0.13mm、0.72mm、0.58mm 和 2.05mm，总回弹量为 3.48mm。

如表 3-9、图 3-25 所示，A2 组第一级荷载 62.8kPa 下沉降量为 64.9mm，第二级荷载 (49.4kPa)单级沉降量为 19.5mm，第三级荷载(49.4kPa)下单级沉降量为 11.6mm，第四级荷载 (49.4kPa)下单级沉降量为 11.6mm。A2 组试验在总荷载 211.1kPa 的作用下，总沉降量为 107.7mm。卸载过程中，各级荷载沉降回弹量较小，由第四级至第一级每级荷载回弹量分别为 0.0mm、0.10mm、0.60mm 和 1.03mm，总回弹量为 1.7mm。

2）桩土应力比分析

试验过程中，两组试验的各土压力盒（滤波后）应力随时间变化如图 3-26、图 3-27 所示。其中，在加载过程中，位于桩顶位置的 T5、T12 土压力盒应力变化不明显，推测可能由于人工埋设过程中压力盒未平整地放置于桩顶，压力盒有可能悬浮于碎石垫层或碎桩头中不能有效传力所致，故分析过程中剔除该组压力盒数据。

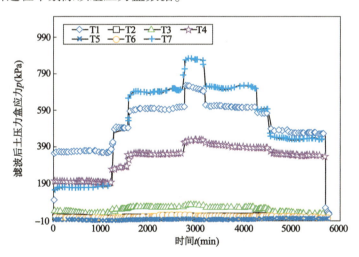

图 3-26　A1 组试验各测点滤波后土压力盒应力时程曲线

观察 A1 组试验中的 T1、T7 土压力盒和 A2 组试验中的 T11 土压力盒，应力偏大，已远大于上部施加荷载。分析几处桩顶土压力盒的状态，由于桩顶的超欠挖，土压力盒处于桩顶欠挖突起部分位置，存在明显的应力集中现象。

随着 DCM 复合地基上部荷载的增大，各测点土压力盒应力逐渐增大；同级载荷作用下，桩顶上土压力盒应力增长量大于桩间土的土压力盒应力增长量。因 DCM 桩顶部位的超欠挖现象，导致各桩顶高程不同，各桩顶的应力集中及分布则各不相同（如 T8、T10、T11）。

A1 组试验，桩上的土压力盒（T1、T4、T7）置于桩的欠挖部位，测得的应力只代表欠挖桩头的应力,无法反映桩身整体应力;土上的土压力盒(T2、T3、T6)测得应力可反映桩间土的受力情况,故桩身应力及承担荷载通过施加荷载和桩间土土压力盒应力平均值计算。A1组试验承载特性见表3-10。

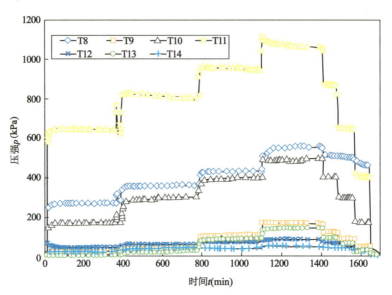

图 3-27　A2组试验各测点滤波后土压力盒应力时程曲线

A1组试验承载特性　　　　　　　　　　　　　　　　表 3-10

荷载级	荷载 p (kN)	承载特性						
		土的平均应力 (kPa)	桩的平均应力 (kPa)	桩土应力比	桩承担荷载平均值 p_p (kN)	土承担荷载平均值 p_s (kN)	桩的荷载承担比	土的荷载承担比
第一级	2260	18.8	92.1	4.89	1705.2	554.8	0.755	0.245
第二级	4040	25.2	178.0	7.06	3296.8	743.2	0.816	0.184
第三级	5820	31.8	263.7	8.30	4883.0	937.0	0.839	0.161
第四级	7600	38.7	348.8	9.01	6459.4	1140.6	0.850	0.150

A1组施加第一级荷载时,桩承担荷载平均值为1705.2kN,土承担荷载平均值为554.8kN;施加第二级荷载时,桩承担荷载平均值为3296.8kN,土承担荷载平均值为743.2kN;施加第三级荷载时,桩承担荷载平均值为4883.0kN,土承担荷载平均值为937.0kN;施加第四级荷载时,桩承担荷载平均值为6459.4kN,土承担荷载平均值为1140.6kN。卸载时,土压力盒应力略大于同级荷载作用下的土压力盒应力。A1组试验桩土应力比如图3-28所示,桩土应力比随荷载的增大逐渐增大,且增长速率逐渐减小。施加到第四级荷载时,桩土应力比为9.01:1。

A1组试验桩土荷载分担比如图3-29所示。随着荷载的逐渐增大,桩的荷载分担比逐渐增大,土的荷载分担比逐渐减小,但两者的速率变化逐渐减小,并有趋于稳定的趋势。

A2组试验中,桩的土压力盒(T8、T10、T11)置于桩的欠挖部位,测得的应力只代表欠挖桩头的应力集中点应力,无法反映桩身整体平均应力;桩间土的土压力盒(T9、T13)测得应力偏大,

T9、T13 距离桩较近且桩间距较小,推断 T9、T13 土压力盒部分埋设在桩上,故其测值无法反映土的应力。土压力盒 T14 在土的中心部位,其测量值能较好地反映加载时土的承担荷载,故桩身应力及承担荷载通过施加荷载和桩间土应力 T14 为基础进行计算。A2 组试验承载特性见表 3-11。

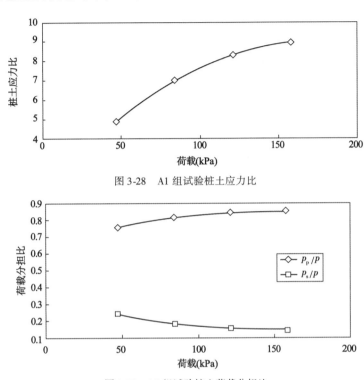

图 3-28 A1 组试验桩土应力比

图 3-29 A1 组试验桩土荷载分担比
p_p-桩承担荷载平均值;p_s-土承担荷载平均值

A2 组试验承载特性 表 3-11

荷载级	荷载 p (kN)	承载特性						
		土的平均应力 (kPa)	桩的平均应力 (kPa)	桩土应力比	桩承担荷载平均值 p_p (kN)	土承担荷载平均值 p_s (kN)	桩的荷载承担比	土的荷载承担比
第一级	2260	22.0	101.3	4.60	1875.3	384.7	0.830	0.170
第二级	4040	31.2	188.7	6.05	3494.4	545.6	0.865	0.135
第三级	5820	38.8	277.7	7.16	5142.2	677.8	0.884	0.116
第四级	7600	46.7	366.3	7.84	6783.4	816.6	0.893	0.107

A2 组试验施加第一级荷载时,桩承担荷载平均值为 1875.3kN,土承担荷载为 384.7kN;施加第二级荷载时,桩承担荷载平均值为 3494.4kN,土承担荷载为 545.6kN;施加第三级荷载时,桩承担荷载平均值为 5142.2kN,土承担荷载为 677.8kN;施加第四级荷载时,桩承担荷载平均值为 6783.4kN,土承担荷载平均值为 816.6kN。卸载时,土压力盒应力略大于同级荷载作用下的土压力盒应力。A2 组试验桩土应力比如图 3-30 所示。桩土应力比随荷载的增大而逐渐增大,且增长速率逐渐减小。施加到第四级荷载时,桩土应力比为 7.84:1。

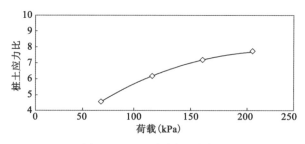

图 3-30　A2 组试验桩土应力比

A2 组试验桩土荷载分担比如图 3-31 所示。随着荷载的逐渐增大,桩的荷载分担比逐渐增大,土的荷载分担比逐渐减小,但两者的速率变化逐渐减小,并有趋于稳定趋势。

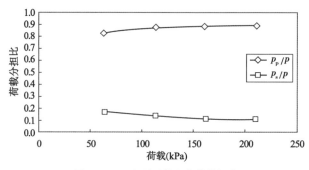

图 3-31　A2 组试验桩土荷载分担比

3)小结

本次试验实施过程中,在 A1、A2 两组试验(158.3kPa、211.1kPa)各级荷载下,DCM 复合地基沉降呈迅速发生快速收敛特性,地基变形及承载性能均呈稳定状态,并且沉降曲线呈两阶段变化,第一级荷载沉降的变形较大,占总沉降的一半以上。经分析认为,造成此现象的原因主要是人工铺设的垫层厚度及模量均不均匀,根据试验反分析获得第一级加载过程中的模量为正常模量 10MPa 的 10% ~ 20%。

A1 组试验沉降量为 65.9mm,其中第一级荷载瞬时沉降量为 38.8mm,桩土应力比为 9.01∶1;A2 组试验沉降量为 107.7mm,其中第一级荷载瞬时沉降量为 57.0mm,桩土应力比为 7.84∶1。

根据现场扫测结果,A1 组试验中,第一次抛填垫层整平后的水深与桩的沉降量对应关系见表 3-12。

A1 组试验第一次抛填垫层整平后水深(m)与荷载板沉降量(mm)的关系　　表 3-12

桩号		19(J3)	11(J4)	10(J5)	18(J6)
第一次抛填垫层整平后的水深(m)		-17.46	-17.38	-17.30	-17.35
荷载(kPa)	47.1	61.1	44.7	12.9	47.8
	84.2	73.1	53.8	15.9	56.2
	121.2	83.9	66.3	21.7	63.8
	158.3	92.8	76.8	25.7	68.4

根据前述实测沉降及反分析对比结果可知,水深越深,桩体的沉降量越大,出现此种现象的原因为:在第一次预压及清理桩渣扫测后,又进行了第二次碎石垫层的整平,对于第一次抛填整平垫层顶高程低(水深较深)部位的碎石垫层进行了加铺,且加铺后未再预压,从而导致了沉降量变大。

A2 组试验中,第一次抛填垫层后水深与桩的沉降量对应关系见表3-13。

A2 组试验第一次抛填垫层整平后水深(m)与荷载板沉降量(mm)的关系 表3-13

桩号	23(J3)	15(J4)	14(J5)	22(J6)
第一次抛填垫层整平后的水深(m)	−16.85	−17.02	−17.29	−16.91
荷载(kPa)	62.8 112.3 161.7 211.1	52 63.6 72.2 84.9	50.3 55.8 62.1 68.3	78.6 103.7 116.3 125.2	78.7 114.5 133.5 152.2

A2 组试验第一次抛填垫层整平后的水深与荷载板沉降对比关系与 A1 组规律略有不同,J5 位置也体现出了水深(垫层顶高程)与垫层沉降的相关性,但 J6 没有呈现出水深越深,荷载板沉降量越大的关系,可能的原因是第一次压实的 2h 中,15 号桩与 23 号桩的压实程度相对较好,而 22 号桩没有得到压实,因此造成 15 号桩与 23 号桩处荷载板沉降值较小,而 22 号桩荷载板沉降值较大。因总的平均厚度达到了 103mm,故垫层内模量不均匀的可能性是存在的。

3.3 块石垫层陆地振密试验研究

3.3.1 主要试验方案

1)试验目的

深中通道海底隧道沉管段起于 K7+030,止于 K12+065,全长 5.035km,由 32 节钢壳预制管节组成。S08 标工程范围里程桩号为 K7+030~K8+474,长 1.444km,由 E32~E23 共 10 节管组成。这 10 节管的管底土层为:④₁ 残积土层或全强风化花岗岩层,管节基础原方案由"0.7m 厚二片石调平层+1m 厚碎石垫层"变更为"1.1m 厚振密块石层+1m 厚碎石垫层"。为了进一步确定振密参数来确保块石振密层在自然地基上的振密效果,需要通过陆地工艺试验来进行相关验证。通过开展块石垫层陆地振密试验,可以达到如下目的:

(1)提出适用于本项目的块石振密层振密系统及施工工艺。

(2)明确提出夯板尺寸、块石振密层自身的振沉量大小、振密时间要求、液压振动锤激振力要求、振动锤转速等参数及搭接宽度要求。

(3)振密后通过静载试验等手段测试块石振密层的变形模量。

(4)通过对不同厚度振密块石层进行试验,反馈验证块石层设计厚度的合理性。

2) 试验分组

将深中通道 S08 标项目部北侧空地清理、整平作为试验场地,试验场地布置如图 3-32 所示。

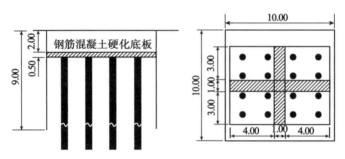

图 3-32 天然地基段试验场地布置(尺寸单位:m)

(1)将 16 根 ϕ500mm PHC 桩打入 10m×10m 试验区域,底部进入持力层。

(2)将 9m 长钢板桩打入 10m×10m 的试验区域四周,钢板桩顶部基本与地面齐平,形成封闭围堰,可实现水下块石环境模拟。

(3)将表层 2.3m 厚泥土层挖除,底部用 0.5m 厚 C35 混凝土进行硬化。

(4)试验时向试验坑内注水使水面没过夯板底部 30cm,模拟水下振密。

根据相关要求,天然地基块石垫层振密试验共分 3 组,具体见表 3-14。

天然地基块石垫层振密试验分组　　表 3-14

编号	地基条件	块石层参数	振密参数	试验目的
A-1	水泥地面(或基岩)	块石粒径 15~30cm	振密时间 45s	以激振力 150kN/m² 为基础进行试验,验证不同厚度的块石在不同振密时间情况下对应的振密效果
A-1	水泥地面(或基岩)	厚 0.7m	搭接宽度 1m	
A-2	水泥地面(或基岩)	块石粒径 15~30cm	振密时间 60s	
A-2	水泥地面(或基岩)	厚 1.2m	搭接宽度 1m	
A-3	水泥地面(或基岩)	块石粒径 15~30cm	振密时间 60s	
A-3	水泥地面(或基岩)	厚 1.8m	搭接宽度 1m	

3) 振密系统

本试验采用液压振动锤与夯板通过螺栓连接组成振密试验系统,其中夯板尺寸为 4m×5m,选用的液压振动锤参数见表 3-15,试验时油压表刻度调至 26.5~29MPa。

液压振动锤参数　　表 3-15

项目	参数	项目	参数
偏心力矩(kN·m)	200	最大振幅(mm)	37
最大转速(r/min)	1400	最大流量(L/min)	1220
额定激振力(kN)	4300	尺寸(mm)	4710×940×2590
最大激振力(kN)	6690	质量(kg)	19000
最大拔桩力(kN)	2500	动力站(P)	1200

3.3.2 试验实施过程

1）表层沉降监测

进行天然地基块石振密试验时,对块石垫层做表层沉降观测,通过在试验区内设置观测点,用水准仪测量观测点振密前后高程变化,以反映该点振密沉降情况。试验区域垫层表层布置 9m×9m 的方格网,编号 $B_1 \sim B_{36}$。方格网测点沉降平均值即为该试验区域垫层的沉降量。天然地基块石振密试验方格网布置如图 3-33 所示。

2）激振力及振密频率检测

本试验激振力通过在夯板上安装加速度传感器,采集振密块石垫层时夯板加速度,加速度传感器布置如图 3-34 所示。采集的加速度通过 MATLAB 软件中巴特沃兹滤波器进行高通滤波,再对滤波后加速度计算有效加速度值和最大加速度值,最终确定振密过程中振密系统激振力有效值和激振力最大值。巴特沃兹滤波器滤波流程如图 3-35 所示。

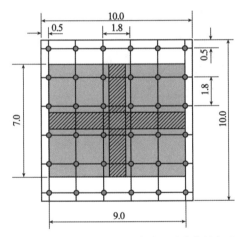

图 3-33 天然地基块石垫层振密试验方格网布置
（尺寸单位:m）

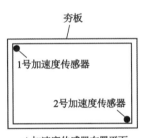

a) 加速度传感器布置平面

b) 加速度传感器布置实物图

图 3-34 振密试验加速度传感器布置

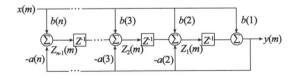

图 3-35 巴特沃兹滤波器滤波流程

3）块石垫层振密后变形模量检测

天然地基块石垫层振密后变形模量通过浅层平板荷载试验进行检测。本试验采用慢速维持荷载法。现场加载示意图如图 3-36 所示。

依据《建筑地基检测技术规范》(JGJ 340—2015)相关规定,变形模量计算公式如下：

$$E_0 = \frac{I_0(1-\mu^2)pb}{s} \tag{3-2}$$

式中：E_0——试验土层的变形模量，MPa；

I_0——刚性承压板的形状系数，矩形承压板当长宽比 $l/b = 1.2$ 时取 0.809，当 $l/b = 2.0$ 时取 0.626，其余可计算求得，但 l/b 不宜大于 2；

μ——地基土的泊松比；

b——承压板的边长，m；

p——$p\text{-}s$ 曲线线性段的压力，kPa；

s——对应于施加压力的沉降量，mm。

图 3-36 现场浅层平板荷载试验示意图

为保证静载试验时减小块石垫层高差的影响，采用大尺寸矩形荷载板（长 3.85m，宽 2.40m）；为保证垫层厚度范围内平均作用荷载为 150kPa，垫层表面作用荷载取不同值，见表 3-16。

不同厚度的垫层变形模量换算区间 表 3-16

垫层厚度 z（m）	荷载板长度 l（m）	载荷板宽度 b（m）	荷载传递系数 a	垫层表面荷载（kPa）	垫层底面荷载（kPa）	平均荷载（kPa）
0.70	3.85	2.40	0.9806	150	147.1	148.5
1.20	3.85	2.40	0.9304	150	139.6	144.8
1.80	3.85	2.40	0.8488	165	140.1	152.5

3.3.3 数据分析及主要结论

1）振密时间及垫层厚度对振沉量的影响

A-1～A-3 组试验采用"液压振动锤+夯板"振密设备，按图 3-37 所示方式对试验区块石垫层进行振密，振密顺序为 1 号区→2 号区→3 号区→4 号区，理论激振力为 150kN/m²。A-1 组试验 1～4 号区各振密 3 次，每次振密时间为 15s，各区累积振密 45s；A-2 组及 A-3 组试验 1～4 号区各振密1次,每次振密时间为60s;各组试验振密前后按照图3-37所示方式通过水准仪测量振密区方格网高程。A-1~A-3组振密试验过程见表3-17,夯板尺寸为5m×4m,各振密区有1m的搭接区。

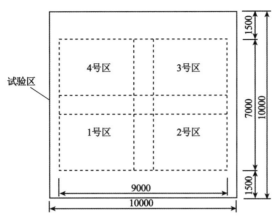

图3-37 A-1~A-3组试验振密顺序(尺寸单位:mm)

A-1~A-3组试验振密过程统计 表3-17

试 验	振密顺序	振密时间(s)	振密次数(次)	夯 板 状 态
A-1	1号区	15+15+15	3	振密45s后移至2号区
	2号区	15+15+15	3	振密45s后移至3号区
	3号区	15+15+15	3	振密45s后移至4号区
	4号区	15+15+15	3	—
A-2	1号区	60	1	振密60s后移至2号区
	2号区	60	1	振密60s后移至3号区
	3号区	60	1	振密60s后移至4号区
	4号区	60	1	—
A-3	1号区	60	1	振密60s后移至2号区
	2号区	60	1	振密60s后移至3号区
	3号区	60	1	振密60s后移至4号区
	4号区	60	1	—

测量振密前后试验区块石方格网高程,方格网高差减底板沉降为本次试验块石垫层的振沉量,A-1~A-3组试验块石垫层振密成果统计见表3-18。

A-1~A-3组试验振密成果统计 表3-18

试 验	垫层厚度(m)	振密时间(s)	底板下沉量(cm)	垫层振沉量(cm)	振密率(%)	振密后块石层顶面高差(cm)	振密后试块状态
A-1	0.87	45	0.3	12.5	14.4	−17.2~22.7	完好
A-2	1.26	60	0.2	13.1	10.3	−8.0~3.1	完好
A-3	1.82	60	0.1	17.5	9.6	−6.4~4.1	完好

对于 A-1~A-3 组试验,振沉量、振密率与时间的关系曲线如图 3-38 所示。由图中可以看出,振沉量随垫层厚度的增大而逐渐增加,但随着垫层厚度的增加,振密率(振沉量与块石垫层厚度之比)逐渐减小。1.2m 厚的块石垫层,振密 60s 后振密率为 10.4%;1.8m 厚块石垫层,振密 60s 振密率为 9.6%。

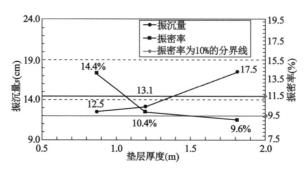

图 3-38　A-1~A-3 组试验振沉量、振密率与垫层厚度关系曲线

2)激振力及振密频率分析

(1)A-1 组试验。

A-1 组试验垫层厚度为 0.87m,每个振密区分 3 次振密,每次振密 15s,每个振密区累计振密 45s,A-1 组试验激振力及振密频率见表 3-19。

A-1 组试验激振力有效值介于 101.57~128.48kN/m² 之间,平均值为 112.60kN/m²,约为理论激振力(150kN/m²)的 75%;最大激振力介于 208.94~278.80kN/m² 之间。振密频率介于 20.4~22.2Hz 之间,主要集中在 22.2Hz。由加速度时程曲线可知,振密时振密系统需经过一段时间才能达到设定激振力,起振时间介于 2.98~6.12s 之间。由加速度 FFT 曲线可知,2 号区和 3 号区振密时,主振动频率变化较大(如 3 号区第三次振密时,主振动频率在 19.9~21.1Hz 之间变化),导致激振力小于理论激振力。

(2)A-2 组试验。

A-2 组试验垫层厚度为 1.26m,每个振密区振密 1 次,振密时间为 60s;振密前动力柜预热 10~15s。A-2 组试验激振力及振密频率见表 3-20。

A-2 组试验激振力有效值介于 152.10~167.74kN/m² 之间,平均值为 161.42kN/m²,略高于理论激振力(150kN/m²);最大激振力介于 442.04~536.47kN/m² 之间。振密频率介于 22.7~23.0Hz之间,主要集中在 22.7Hz;起振时间介于 7.96~9.69s 之间。

(3)A-3 组试验。

A-3 组试验垫层厚度为 1.82m,每个振密区振密 1 次,振密时间为 60s;振密前动力柜预热 10~15s。A-3 组试验激振力及振密频率见表 3-21。

A-3 组试验的激振力有效值介于 170.86~181.82kN/m² 之间,平均值为 174.89kN/m²,超过理论激振力(150kN/m²)24.9%;最大激振力介于 470.66~632.32kN/m² 之间。振密频率介于 22.5~23.1Hz 之间,主要集中在 23.1Hz;起振时间介于 7.41~8.78s 之间。

第3章 DCM复合地基+块石振密+碎石垫层组合基础的系列试验验证

表 3-19 A-1 组试验激振力及振密频率统计

振密区域	振密次序	编号	起振时间(s)	振密频率(Hz)	有效加速度(m/s²)	最大加速度(m/s²)	激振力有效值(kN/m²)	激振力最大值(kN/m²)	起振时间平均值(s)	振密频率平均值(Hz)	有效激振力平均值(kN/m²)	最大激振力平均值(kN/m²)
1号	1	1号	6.08	22.2	35.63	70.09	128.27	252.32	6.12	22.20	128.48	278.80
		2号	6.16	22.2	35.75	84.80	128.70	305.28				
	2	1号	5.19	22.1	30.89	67.16	111.20	241.78	5.27	22.10	115.22	246.33
		2号	5.35	22.1	33.12	69.69	119.23	250.88				
	3	1号	3.81	22.2	30.72	61.46	110.59	221.26	3.83	22.20	112.82	238.43
		2号	3.85	22.2	31.96	71.00	115.06	255.60				
2号	1	1号	4.11	20.4	33.32	68.02	119.95	244.87	4.24	20.40	119.29	245.48
		2号	4.37	20.4	32.95	68.36	118.62	246.10				
	2	1号	3.29	20.3	28.50	53.40	102.60	192.24	3.31	20.35	101.57	208.94
		2号	3.32	20.4	27.93	62.68	100.55	225.65				
	3	1号	3.44	21.8	30.48	64.55	109.73	232.38	3.48	21.75	110.27	239.24
		2号	3.51	21.7	30.78	68.36	110.81	246.10				
3号	1	1号	4.56	21.2	35.87	68.07	129.13	245.05	4.33	21.20	115.96	228.85
		2号	4.10	21.2	28.55	59.07	102.78	212.65				
	2	1号	3.69	20.7	29.77	59.84	107.17	215.42	3.84	20.70	103.01	221.00
		2号	3.98	20.7	27.46	62.94	98.86	226.58				
	3	1号	3.5	21.2	30.57	63.13	110.05	227.27	3.57	21.15	106.87	214.78
		2号	3.63	21.1	28.80	56.19	103.68	202.28				
4号	1	1号	3.93	22.2	33.52	62.75	120.67	225.90	3.76	22.20	122.76	236.93
		2号	3.59	22.2	34.68	68.88	124.85	247.97				
	2	1号	3.17	22.2	29.54	56.64	106.34	203.90	3.23	22.15	107.78	235.42
		2号	3.28	22.1	30.34	74.15	109.22	266.94				
	3	1号	3.03	22.2	29.50	57.59	106.20	207.32	2.98	22.20	107.17	214.79
		2号	2.93	22.2	30.04	61.74	108.14	222.26				

表 3-20 A-2 组试验激振力及振密频率统计

振密区域	编号	起振时间 (s)	振密频率 (Hz)	有效加速度 (m/s²)	最大加速度 (m/s²)	激振力有效值 (kN/m²)	激振力最大值 (kN/m²)	起振时间平均值 (s)	振密频率平均值 (Hz)	有效激振力平均值 (kN/m²)	最大激振力平均值 (kN/m²)
1号	1号	9.59	23.00	42.31	126.66	152.32	455.98	9.69	23.00	152.10	442.04
1号	2号	9.79	23.00	42.19	118.92	151.88	428.11				
2号	1号	8.45	22.70	52.17	152.41	187.81	548.68	8.57	22.70	167.74	459.02
2号	2号	8.69	22.70	41.02	102.60	147.67	369.36				
3号	1号	8.65	22.70	45.11	167.89	162.40	604.40	8.67	22.70	162.18	536.47
3号	2号	8.69	22.70	44.99	130.15	161.96	468.54				
4号	1号	8.01	22.70	45.51	132.12	163.84	475.63	7.96	22.70	163.66	444.91
4号	2号	7.91	22.70	45.41	115.05	163.48	414.18				

表 3-21 A-3 组试验激振力及振密频率统计

振密区域	编号	起振时间 (s)	振密频率 (Hz)	有效加速度 (m/s²)	最大加速度 (m/s²)	激振力有效值 (kN/m²)	激振力最大值 (kN/m²)	起振时间平均值 (s)	振密频率平均值 (Hz)	有效激振力平均值 (kN/m²)	最大激振力平均值 (kN/m²)
1号	1号	8.68	22.50	49.42	146.56	177.91	527.62	8.50	22.50	170.86	470.66
1号	2号	8.31	22.50	45.50	114.92	163.80	413.71				
2号	1号	7.15	23.00	52.00	183.88	187.20	661.97	7.41	23.00	173.32	553.14
2号	2号	7.67	23.00	44.29	123.42	159.44	444.31				
3号	1号	8.66	23.10	49.34	130.70	177.62	470.52	8.78	23.10	181.82	632.32
3号	2号	8.90	23.10	51.67	220.59	186.01	794.12				
4号	1号	7.17	23.10	46.18	155.47	166.25	559.69	7.12	23.10	173.57	517.00
4号	2号	7.07	23.10	50.25	131.75	180.90	474.30				

A-2、A-3 组试验的激振力明显高于 A-1 组试验的激振力,且激振力主振动频率比较集中,说明 A-2、A-3 组试验时振密系统比较稳定。

A-2、A-3 组的最大激振力及有效激振力均显著大于 A-1 组相应结果,主要与现场激振设备参数的调整有关,同时也与 A-2、A-3 组试验进行了必要的振动锤组开机预热相关。在采用同样振动锤设备参数的情况下,开机预热 10~15s 后,激振力有显著提高。

3) 垫层厚度对变形模量的影响

A-1~A-3 组静载试验加载级数为:0→30kPa→45kPa→60kPa→75kPa→90kPa→105kPa→120kPa→130kPa→150kPa→180kPa。卸载级数为:180kPa→150kPa→120kPa→90kPa→60kPa→30kPa→0。各组静载试验 p-s 曲线如图 3-39 所示。

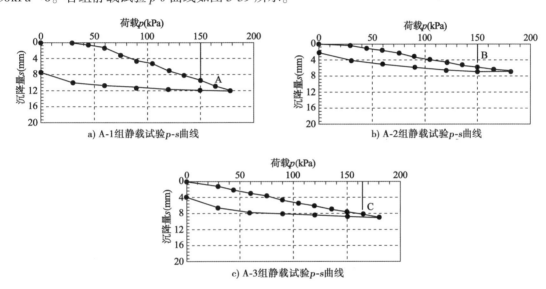

图 3-39　A-1~A-3 组静载试验 p-s 曲线

A-1~A-3 组静载试验成果统计见表 3-22。由表中数据可知,A-1 组静载试验的沉降量 S_A =9.25mm,变形模量 E_{OA} =25.89MPa;A-2 组静载试验的沉降量 S_B =5.81mm,变形模量 E_{OB} =41.22MPa;A-3 组静载试验的沉降量 S_C =8.02mm,变形模量 E_{OC} =32.85MPa。A-1~A-3 组试验中变形模量、静载沉降量与垫层厚度的关系曲线如图 3-40 所示。相同振密时间下,随着垫层厚度的增加,变形模量逐渐减小,且减小速率逐渐加快;随着垫层厚度的增加,沉降量逐渐增加。

A-1~A-3 组静载试验成果统计　　表 3-22

试　验	垫层厚度(m)	振密时间(s)	荷载(kPa)	沉降量(mm)	变形模量(MPa)
A-1	0.87	45	150	9.25	25.89
A-2	1.26	60	150	5.81	41.22
A-3	1.82	60	165	8.02	32.85

A-1 组试验的振密率大于 A-2 组、A-3 组试验的振密率,但其变形模量明显小于 A-2 组、A-3 组试验的变形模量,结合激振力测试结果,A-1 组激振效果显著小于 A-2、A-3 组激振效果;这与振密时试验坑中含泥量过大也有一定关联。

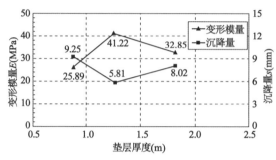

图 3-40　A-1～A-3 组试验变形模量、静载沉降量与垫层厚度的关系曲线

4）结论

(1) 天然地基陆上试验结果表明,"液压振动振 + 夯板"组成的振密系统,采用振密频率在 22.5～23.0Hz 之间、油压刻度 26.5～29MPa、激振力 150～170kN/m²、振密时间 60s、夯板为 4m×5m 尺寸、搭接 1m 等施工参数,可对 1.2m 与 1.8m 块石层产生有效的振密,振密后块石垫层变形模量可分别达到 41.2MPa 和 32.9MPa。

(2) 块石(15～30cm)垫层厚度分别为 1.2m、1.8m 时,采用激振力 150～170kN/m²、振密时间 60s 等施工参数在振密过程中,块石垫层振沉量分别为 13.1cm、17.5cm,振密率在 9.6%～10.3% 之间。

(3) 采用"液压振动振 + 夯板"振密系统,振密前系统预热一段时间有利于提高激振力。A-2、A-3 组的最大激振力及有效激振力均显著大于 A-1 组的相应结果,与现场激振设备参数的调整有关,同时也与 A-2、A-3 组试验进行了必要的振动锤组开机预热相关。在采用同样振动锤设备参数的情况下,开机预热 10～15s 后,夯板激振力有显著提高,振密效果也明显较好。

根据振密系统的特点及本次试验结果,起振时间设为 7～8s 较为有利,根据 A-1 组试验结果,不建议采用短时间、多频次的振密方式。

(4) 块石垫层含泥量对振密后变形模量的影响较为明显。为提高振密效果,建议对块石垫层的含泥量进行严格控制,块石抛填前应对块石进行清洗,并进行抛填区域的清淤工作。

(5) 本试验块石垫层振密试验的实测激振力为 150～170kN/m²(A-2 组和 A-3 组试验),试验时虽向试验坑注水,水面仅没过夯板底板 30cm,夯板完全入水情况下激振力的损失情况尚不明确,建议进一步结合现场典型施工进行分析。

3.4　考虑纳淤影响的碎石垫层模量测试

3.4.1　主要试验方案

为了研究淤泥对碎石垫层模量的影响,假设淤泥全部浸入碎石内部空隙,先后配置密度为

$1100 \sim 1300 \text{kg/m}^3$ 的泥浆,倒入模型箱,搅拌均匀后,填入碎石,碎石体积为 $0.95 \times 0.6 \times 0.6 = 0.34 \text{m}^3$。模型箱尺寸为长 60cm × 宽 60cm × 高 100cm,碎石垫层厚度为 0.95m,模型箱四周侧限约束,底端固定约束,采用 300t 级压力机顶部加载。

试验分组见表 3-23,试验分级加载方案见表 3-24。

试验分组 表 3-23

编号	目标浑水的密度(kg/m³)	加入现有泥浆的体积(m³)	加入纯水的体积(m³)	加入碎石的体积(m³)
DC-01	1000	$V_2 = 0$	$V_1 = 0.15 - V_2$	$0.95 \times 0.6 \times 0.6 = 0.34$
DC-02	1100	$V_2 = 100/(\rho_1 - 1000) \times 0.15$	$V_1 = 0.15 - V_2$	$0.95 \times 0.6 \times 0.6 = 0.34$
DC-03	1200	$V_2 = 200/(\rho_1 - 1000) \times 0.15$	$V_1 = 0.15 - V_2$	$0.95 \times 0.6 \times 0.6 = 0.34$
DC-04	1300	$V_2 = 300/(\rho_1 - 1000) \times 0.15$	$V_1 = 0.15 - V_2$	$0.95 \times 0.6 \times 0.6 = 0.34$
DC-05	1400	$V_2 = 400/(\rho_1 - 1000) \times 0.15$	$V_1 = 0.15 - V_2$	$0.95 \times 0.6 \times 0.6 = 0.34$

试验分级加载方案 表 3-24

加载阶段	应力(kPa)	面积(m²)	加载(N)	稳压时长(min)
预加载	0	0.36	0	5
	15	0.36	5400	10
	30	0.36	10800	10
	0	0.36	0	2.5
正式加载	0	0.36	0	2.5
	30	0.36	10800	10
	60	0.36	21600	10
	90	0.36	32400	10
	120	0.36	43200	10
	150	0.36	54000	10
	180	0.36	64800	10
	210	0.36	75600	10
	240	0.36	86400	10
	270	0.36	97200	10
卸载	210	0.36	75600	5
	150	0.36	54000	5
	90	0.36	32400	5
	30	0.36	10800	5
	0	0.36	0	5

3.4.2 试验实施过程

试验实施过程如图 3-41~图 3-44 所示。试验箱经过加工运输安装后,固定在压力试验机上进行测试。

图 3-41 试验箱运输及安装

a) 碎石　　　　　　　　　b) 淤泥　　　　　　　　　c) 淤泥测重

图 3-42 混凝土板浇筑及制作

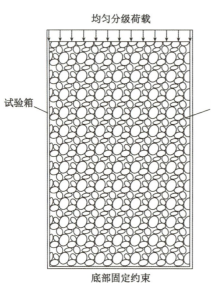 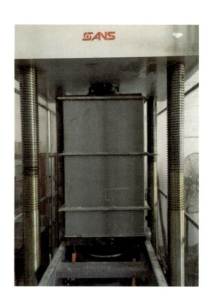

图 3-43 YAW6306 压力试验机及加载原理

 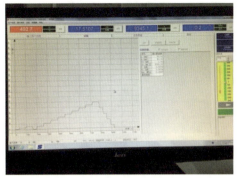

图 3-44 试验图片

将模型箱放入伺服压力机,确保其位于试验机中心。在加载板两侧设置 2 个位移传感器,结合仪器内置传感器监测结果,获得碎石压缩变形。正式加载前,首先进行预加载,通过分析施加荷载及沉降变形值,获得碎石弹性模量及回弹压缩模量值:

$$E = \frac{p_2 - p_1}{h_2 - h_1} H \tag{3-3}$$

式中:p_1——上一级荷载;

p_2——下一级荷载;

h_1——上一级荷载对应的级配碎石的压缩量;

h_2——下一级荷载对应的级配碎石的压缩量;

H——试验箱中级配碎石厚度。

3.4.3 数据分析及主要结论

1) DC-01 组试验(1000kg/m^3)

DC-01 组试验为在级配碎石中加入清水,而且未混入泥浆,如图 3-45 所示。

a) 加载前碎石顶面   b) 加载后碎石顶面

图 3-45 DC-01 组试验(1000kg/m^3)加载前后试件照片

DC-01 组试验荷载-沉降位移数据见表 3-25。DC-01 组荷载-沉降位移曲线如图 3-46 所示。

DC-01 组试验荷载-沉降位移数据 表 3-25

加载阶段	应力 （kPa）	面积 （m²）	加载 （kN）	稳压时长 （min）	沉降位移（mm）			
					传感器 1	传感器 2	传感器 3	平均值
预加载	0	0.36	0	5	0	0	0	0
	15	0.36	5.4	10	4.10	3.60	2.98	3.85
	30	0.36	10.8	10	5.16	4.76	4.21	4.96
	0	0.36	0	5	4.78	4.36	3.72	4.57
正式加载	0	0.36	0	5	0	0	0	0
	30	0.36	10.8	10	0.64	0.68	0.73	0.66
	60	0.36	21.6	10	2.32	2.50	2.60	2.41
	90	0.36	32.4	10	3.80	4.06	4.17	3.93
	120	0.36	43.2	10	4.90	5.22	5.33	5.06
	150	0.36	54	10	5.88	6.22	6.39	6.05
	180	0.36	64.8	10	6.88	7.24	7.42	7.06
	210	0.36	75.6	10	7.98	8.38	8.49	8.18
	240	0.36	86.4	10	9.00	9.40	9.51	9.20
	270	0.36	97.2	10	9.92	10.32	10.51	10.12
卸载	210	0.36	75.6	10	9.84	10.24	10.49	10.04
	150	0.36	54	10	9.72	10.12	10.37	9.92
	90	0.36	32.4	10	9.52	9.94	10.17	9.73
	30	0.36	10.8	10	9.22	9.62	9.73	9.42
	0	0.36	0	5	8.48	8.8	8.76	8.64

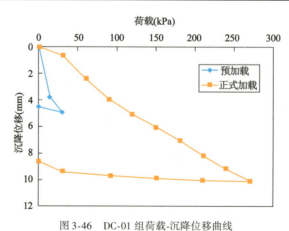

图 3-46 DC-01 组荷载-沉降位移曲线

2）DC-02 组试验（1100kg/m³）

DC-02 组试验为在级配碎石中加入浑水（密度为 1100kg/m³），混入泥浆 150m³，如图 3-47、图 3-48 所示。

a) 第一次试验加载前碎石顶面　　　　　　　　b) 第一次试验加载后碎石顶面

图 3-47　DC-02 组试验（1100kg/m³）第一次试验加载前后试件照片

图 3-48　DC-02 组试验（1100kg/m³）第二次试验加载前后试件照片

按照设计重量配置淤泥和水后，又经 5 次调配，达到设计密度。1100kg/m³ 泥浆密度复测值见表 3-26、表 3-27。

1100kg/m³ 泥浆密度复测值（第一次试验）　　　表 3-26

密度测试	第一次试配	第二次试配	第三次试配	第四次试配	第五次试配
量筒 1（g/cm³）	1.063	1.059	1.093	1.084	1.098
量筒 2（g/cm³）	1.060	1.065	1.072	1.075	1.105

1100kg/m³ 泥浆密度复测值（第二次试验）　　　表 3-27

密度测试	第一次试配	第二次试配	第三次试配
量筒 1（g/cm³）	1.067	1.078	1.108
量筒 2（g/cm³）	1.080	1.082	1.095

DC-02 组试验荷载-沉降位移数据见表 3-28、表 3-29。DC-02 组试验荷载-沉降位移曲线如图 3-49 所示。

DC-02 组试验荷载-沉降位移数据(第一次试验) 表 3-28

加载阶段	应力 (kPa)	面积 (m²)	加载 (kN)	稳压时长 (min)	沉降位移(mm)			
					传感器1	传感器2	传感器3	平均值
预加载	0	0.36	0	5	0	0	0	0
	15	0.36	5.4	10	5.16	5.38	5.30	5.28
	30	0.36	10.8	10	6.62	7.04	6.93	6.86
	0	0.36	0	5	6.02	6.34	6.28	6.21
正式加载	0	0.36	0	5	0	0	0	0
	30	0.36	10.8	10	1.01	1.04	0.99	1.01
	60	0.36	21.6	10	3.45	3.48	3.43	3.45
	90	0.36	32.4	10	5.44	5.42	5.43	5.43
	120	0.36	43.2	10	7.32	6.88	6.94	6.91
	150	0.36	54	10	8.80	8.26	8.36	8.31
	180	0.36	64.8	10	10.18	9.60	9.68	9.64
	210	0.36	75.6	10	11.48	10.70	10.81	10.75
	240	0.36	86.4	10	12.58	11.70	11.89	11.79
	270	0.36	97.2	10	13.64	12.70	12.93	12.81
卸载	210	0.36	75.6	10	13.56	12.64	12.89	12.76
	150	0.36	54	10	13.42	12.50	12.74	12.62
	90	0.36	32.4	10	13.2	12.28	12.50	12.39
	30	0.36	10.8	10	12.70	11.84	12.02	11.93
	0	0.36	0	5	11.66	10.82	10.97	10.89

DC-02 组试验荷载-沉降位移数据(第二次试验) 表 3-29

加载阶段	应力 (kPa)	面积 (m²)	加载 (kN)	稳压时长 (min)	沉降位移(mm)			
					传感器1	传感器2	传感器3	平均值
预加载	0	0.36	0	5	0	0	0	0.00
	15	0.36	5.4	10	4.98	4.92	4.90	4.93
	30	0.36	10.8	10	6.62	6.44	6.44	6.50
	0	0.36	0	5	4.84	4.98	4.76	4.91
正式加载	0	0.36	0	5	0	0	0	0.00
	30	0.36	10.8	10	1.34	1.44	1.51	1.43
	60	0.36	21.6	10	3.86	3.92	4.04	3.94
	90	0.36	32.4	10	5.70	5.64	5.92	5.75
	120	0.36	43.2	10	6.98	6.92	7.21	7.04
	150	0.36	54	10	8.02	7.96	8.23	8.07
	180	0.36	64.8	10	8.98	8.92	9.20	9.03
	210	0.36	75.6	10	9.86	9.82	10.10	9.93

续上表

加载阶段	应力（kPa）	面积（m²）	加载（kN）	稳压时长（min）	沉降位移（mm）			
					传感器1	传感器2	传感器3	平均值
正式加载	240	0.36	86.4	10	10.86	10.82	11.09	10.92
	270	0.36	97.2	10	11.60	11.56	11.84	11.67
卸载	210	0.36	75.6	10	11.54	11.50	11.82	11.62
	150	0.36	54	10	11.42	11.38	11.62	11.47
	90	0.36	32.4	10	11.22	11.14	11.52	11.29
	30	0.36	10.8	10	10.74	10.66	11.04	10.81
	0	0.36	0	5	7.78	7.78	7.81	7.79

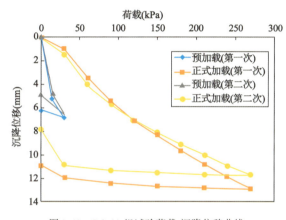

图 3-49 DC-02 组试验荷载-沉降位移曲线

3）DC-03 组试验（1200kg/m³）

DC-03 组试验为在级配碎石中加入浑水（密度为 1200kg/m³），混入泥浆 150m³，如图 3-50 所示。试验照片如图 3-51 所示。

图 3-50 DC-03 组试验制备

| a) 试验前碎石顶面 | b) 试验后碎石顶面 |

图 3-51 试验照片

按照设计重量配置淤泥和水后，又经 2 次调配，达到设计密度。1200kg/m³ 泥浆密度复测值见表 3-30。

1200kg/m³ 泥浆密度复测值　　　　　　　　　　　　　　　　　表 3-30

密度测试	第一次试配	第二次试配
量筒 1（g/cm³）	1.170	1.198
量筒 2（g/cm³）	1.175	1.204

DC-03 组试验荷载-沉降位移数据见表 3-31。DC-03 组试验荷载-沉降位移曲线如图 3-52 所示。

DC-03 组试验荷载-沉降位移数据　　　　　　　　　　　　　　　表 3-31

加载阶段	应力（kPa）	面积（m²）	加载（kN）	稳压时长（min）	沉降位移（mm）			
					传感器1	传感器2	传感器3	平均值
预加载	0	0.36	0	5	0	0	0	0.00
	15	0.36	5.4	10	6.10	6.26	5.98	6.11
	30	0.36	10.8	10	7.94	8.06	7.74	7.91
	0	0.36	0	5	7.18	7.24	7.06	7.16
正式加载	0	0.36	0	5	0.00	0.00	0	0.00
	30	0.36	10.8	10	1.1	1.14	1.00	1.08
	60	0.36	21.6	10	3.08	3.12	2.96	3.05
	90	0.36	32.4	10	4.96	4.98	4.87	4.94
	120	0.36	43.2	10	6.24	6.28	6.13	6.22
	150	0.36	54	10	7.44	7.50	7.35	7.43
	180	0.36	64.8	10	8.54	8.58	8.43	8.52
	210	0.36	75.6	10	9.64	9.66	9.51	9.60
	240	0.36	86.4	10	10.56	10.60	10.41	10.52
	270	0.36	97.2	10	11.34	11.36	11.19	11.30
卸载	210	0.36	75.6	10	11.28	11.28	11.16	11.24
	150	0.36	54	10	11.14	11.14	11.06	11.11
	90	0.36	32.4	10	10.96	10.94	10.86	10.92
	30	0.36	10.8	10	10.52	10.50	10.40	10.47
	0	0.36	0	5	8.46	8.46	8.44	8.45

第3章 DCM复合地基+块石振密+碎石垫层组合基础的系列试验验证

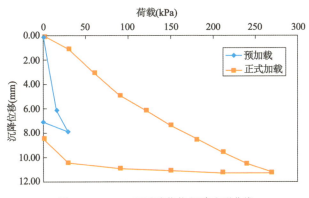

图 3-52 DC-03 组试验荷载-沉降变形曲线

4) DC-04 组试验（1300kg/m³）

DC-04 组试验为在级配碎石中加入浑水（密度 1300kg/m³），混入泥浆 150m³，如图 3-53 所示。

a) 加载前碎石顶面　　　　　　　　　　　b) 加载后碎石顶面

图 3-53 DC-04 组试验准备工作

按照设计重量配置淤泥和水后，又经 5 次调试，达到设计密度。1300kg/m³ 泥浆密度复测值见表 3-32。

1300kg/m³ 泥浆密度复测值　　　　　　　表 3-32

密度测试	第一次试配	第二次试配	第三次试配	第四次试配	第五次试配
量筒 1（g/cm³）	1.314	1.332	1.315	1.312	1.307
量筒 2（g/cm³）	1.342	1.318	1.327	1.318	1.302

DC-04 组试验荷载-沉降位移数据见表 3-33。DC-04 组试验荷载-沉降位移曲线如图 3-54 所示。

DC-04 组试验荷载-沉降位移数据 表 3-33

加载阶段	应力（kPa）	面积（m²）	加载（kN）	稳压时长（min）	沉降位移（mm）			
					传感器 1	传感器 2	传感器 3	平均值
预加载	0	0.36	0	5	0	0	0	0.00
	15	0.36	5.4	10	6.71	6.86	6.52	6.70
	30	0.36	10.8	10	9.80	10.20	9.69	9.90
	0	0.36	0	5	7.60	7.75	7.41	7.59
正式加载	0	0.36	0	5	0.00	0.00	0	0.00
	30	0.36	10.8	10	2.27	2.23	2.24	2.25
	60	0.36	21.6	10	5.23	5.41	5.44	5.36
	90	0.36	32.4	10	7.32	7.60	7.70	7.54
	120	0.36	43.2	10	9.04	9.39	9.53	9.32
	150	0.36	54	10	10.45	10.83	11.01	10.76
	180	0.36	64.8	10	11.70	12.12	12.14	11.99
	210	0.36	75.6	10	12.82	13.26	13.44	13.17
	240	0.36	86.4	10	13.85	14.33	14.54	14.24
	270	0.36	97.2	10	14.76	15.26	15.54	15.19
卸载	210	0.36	75.6	10	14.67	15.15	15.46	15.09
	150	0.36	54	10	14.54	14.99	15.27	14.93
	90	0.36	32.4	10	14.34	14.76	14.99	14.70
	30	0.36	10.8	10	13.88	14.27	14.43	14.19
	0	0.36	0	5	9.81	9.82	10.04	9.89

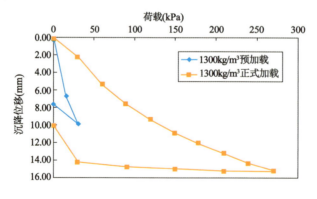

图 3-54 DC-04 组试验荷载-沉降位移曲线

随着淤泥密度的增加，碎石垫层沉降位移增大，分析原因为试样中填入淤泥，其包裹在碎石表面，降低了碎石表面的摩擦因数，同时降低了碎石表面的模量，即使表面刚度减小，致使碎石垫层沉降位移增大。

各次试验荷载-沉降位移对比如图 3-55 所示。

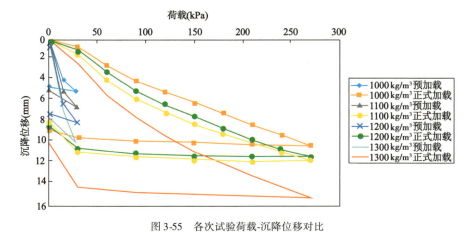

图 3-55　各次试验荷载-沉降位移对比

第4章 DCM复合地基+块石振密+碎石垫层组合基础施工工艺及现场实施

4.1 DCM施工工艺及装备开发

4.1.1 施工工艺概述

1) 海上DCM法整体技术流程

海上DCM工法主要分为工程规划、勘察、初步设计与施工图设计、施工、竣工(质量检测)等阶段,工法应用的整体流程如图4-1所示。施工图设计阶段的主要任务是基于上部结构、工程地质条件、环境等因素,通过计算分析并确定地基承载力、沉降与稳定性均满足要求的DCM软基处理加固形式,并提出DCM桩体强度桩端持力层等设计要求。在正式施工前,需通过水泥土室内配合比试验与现场DCM工艺试桩(含试桩检测)确定施工配合比。需要指出的是,海上DCM正式施工前,现场试桩包括初始试桩试验与工艺试桩,前者旨在验证DCM处理机性能,并建立满足DCM桩端持力层与嵌固深度设计要求的施工着底判断标准;现场试验时,处理机下贯与提升过程中均不喷浆(水泥浆)。后者旨在验证和完善DCM施工工艺设计参数,以指导后续正式施工,并确定施工配合比。

2) 海上DCM施工装备

海上DCM施工的关键装备是DCM船,其装备技术要求高,作为目前世界海上DCM工法应用最为广泛的国家,日本拥有不同等级处理能力的DCM船近50艘。1992年,中交第一航务工程局有限公司研制了我国第一代DCM船,并在烟台港西港池二期工程中得到成功应用。2016年中交第四航务工程局有限公司成功自主研发了"四航固基"号DCM施工专用船舶,其具有自动化程度高、设备先进、处理能力强、安全环保等优点。

"四航固基"号DCM施工船(图4-2)的主要功能系统有船舶定位调载系统、制浆与泥浆泵送系统、桩架系统、处理机系统、施工作业控制系统、环保节能系统等。通过室内自动化施工作业控制系统,可实现DCM在手动、半自动、全自动3种模式下的施工。该船长72m、型宽30m、型深4.8m,设计吃水2.9m,最大与最小作业吃水分别为3.2m、2.4m;船首设有3组直径为1.3m的4轴DCM处理机,单组处理机单次处理面积为4.63m^2。处理深度为水面以下42~45m,可根据需要进行加长改造。

第4章 DCM复合地基+块石振密+碎石垫层组合基础施工工艺及现场实施

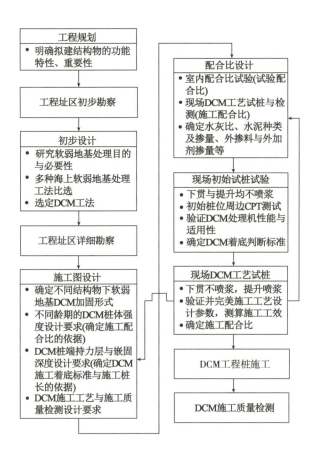

图 4-1 DCM 工法应用整体流程

图 4-2 "四航固基"号 DCM 施工船

3）海上 DCM 关键施工工艺分析

深中通道项目海上 DCM 现场施工工艺流程如图 4-3 所示，其工艺效果图如图 4-4 所示。

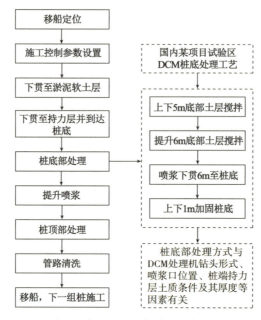

图 4-3　海上 DCM 现场施工工艺流程

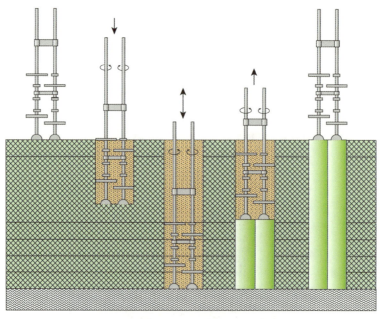

图 4-4　海上 DCM 现场施工工艺效果图

（1）移船定位。

DCM 船上安装 4 台 GPS 仪，2 台使用 2 台备用，并安装 1 台倾斜仪，定位系统软件可任意接入 2 台 GPS 仪 + 倾斜仪，精度可控制在 1cm 内。结合当地的坐标和高程控制网，通过 GPS

可建立船体定位体系。通过设计桩位坐标的位置定出锚位,并移船至试验桩位置抛锚完成粗定位,在定位系统中输入桩位坐标即可显示移船距离,通过绞动锚缆将船精确移至打桩点,误差控制在±10cm以内,移船定位平面图如图4-5所示。通过调节船舶压载舱的水重可以调节桩架的垂直度,并通过倾斜仪显示在定位系统中。

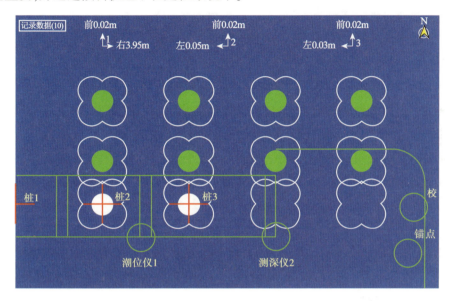

图4-5 移船定位平面图

(2)施工控制参数设置。

DCM施工船采用成熟的工业自动化控制技术,依靠工程计算机、自动控制设备及各种传感器,通过软件编程,实现施工中的各种动态逻辑控制,确保成桩过程中施工参数的精确性、可靠性、高效性,切实提高DCM桩的桩体质量。

打开DCM控制系统的打桩参数设置界面,将施工控制参数(钻杆上拔/下贯速度、钻杆转速、喷水喷浆流量等)输入系统中。

修正钻头的高程与高程编码器显示的高程相同。打开施工控制系统的仪表参数设置界面,修改钻头原点修正值,使实时测得的钻头高程与施工操作界面显示的钻头高程保持一致。

确定DCM桩的桩顶高程。通过打水坨测出打桩位置的泥面高程,定出沙面高程,在施工控制系统的操作界面,通过修改水深仪修正值,使沙面高程显示出测得的实际高程。在施工操作界面修改触底嵌入深度为2m。

(3)下穿成孔。

DCM桩施工,可以采用三种模式:手动模式、半自动模式和全自动模式。考虑到地层变化的不均匀性,同时为了降低设备风险,一般采用"手动贯入+自动搅拌喷浆"的半自动模式。选择半自动打桩,下贯切土为手动(根据电流值调整下贯速度和喷水量,桩顶7m不喷水)。施工操作界面可以监控DCM桩成桩过程中的主要控制参数,操作处理机完成各种既定动作。当

DCM钻机旋转叶片进入海床之后,开启钻杆旋转,钻杆底部的旋转叶片旋转切割土层,降低土层的强度,利用钻杆自重下钻。当DCM处理机旋转叶片穿透进入土层后,根据电流值的大小调整下贯速度和喷水量。

(4)喷浆成桩。

底部喷浆口位于搅拌翼的底部,中心杆喷浆口位于搅拌翼上部中心杆下部。为了保证喷浆的连续性及搅拌次数,底部6m使用下部喷浆口下贯喷浆,6m以上采用中心杆上拔喷浆,整个过程均为自动控制。

下贯喷浆钻杆上拔至6m位置前,需提前喷浆将管路中的水挤出,确保在下贯过程中的水泥浆流量稳定。根据管路的长度及流量,可保守估算浆挤水的时间为2.5min。此阶段需密切注视搅拌轴转速、下贯速度、喷浆流量等参数是否与控制参数一致。

桩底加固下贯喷浆快到桩底时,泥浆泵出口至底部喷浆口管路中充满水泥浆,启动下部喷浆口喷水将管路中的水泥浆排出以清洗管路,避免造成管路堵塞。为了确保桩底的质量,此阶段可提升1m,并增加底部的搅拌次数。

上拔喷浆采用中心杆喷浆,此时泥浆泵出口至中心杆喷浆口的管路中充满水,需提前启动泥浆泵浆挤水,保守估计需3min,确保中心杆到达距桩底6m位置的喷浆流量稳定,且与下部6m搭接良好。此阶段需密切注视搅拌轴转速、上拔速度、喷浆流量等参数是否与控制参数一致,并观测电流值、荷载是否正常。

(5)管路清洗。

打桩结束后,上拔钻杆,使用大流量1200m^3/min海水清洗管路及钻杆,在流量稳定且泥浆泵压力不大的情况下确保喷浆口出水干净。清洗储浆罐时,将海水倒灌至储浆3次,每次至少3t,确保储浆罐及管路畅通。

(6)数据处理。

在成桩过程中,施工管理系统会自动记录各种施工数据,包括喷浆量、处理机运动速度、转速、电流值、喷浆压力等。作业结束后导出数据,生成数据报表。

(7)施工注意事项。

正式施工前,架设的基站点需提前校核控制点坐标和高程,并做好充分的准备;设置参数时,一定要对照控制曲线,确保输入的参数准确无误;移船定位时,要准确地将船移至定位点,精确控制桩位偏差,初次偏差控制在5cm内,打桩过程中发现偏差超过10cm后要及时松紧锚缆进行纠偏。下贯成孔时,桩顶7m内不得喷水,以避免对流动性淤泥过大的扰动,在下贯过程中如遇到电流突然偏大,需降低下贯速率并加大喷水流量;喷浆前,要提前制浆,确保储浆桶需储备足够的浆量后才进入喷浆程序;打桩过程中需密切注视电流值、荷载、喷浆流量、钻杆转速等数据,一旦出现故障,及时暂停绞车,并通知前台处理。

(8)施工质量控制和检验。

DCM施工质量控制标准及检验结果如下。

①桩位偏差要求:水平方向±10cm;12根试桩中有5根桩位偏差超过10cm,最大达到17cm,主要是该试桩区域水流急,落潮时锚缆松动导致DCM施工船晃动。

②竖向倾斜度小于1/100;12根试验桩的垂直度均满足要求。

③终桩底高程不大于设计桩端高程30cm;12根试验桩均满足要求,最大偏差13cm。

④DCM桩断面面积符合图纸要求。

⑤水泥浆密度误差在±3%以内;设计水泥浆密度为1580kg/m³,最低水泥浆密度为1540kg/m³,满足要求。

⑥每根桩实际水泥用量与计算用量偏差在±3%以内;12根桩实际水泥用量与理论用量偏差均小于3%。

⑦搅拌叶片的转速偏差在±2r/min以内;12根试验桩均满足要求。

⑧搅拌轴贯入和提升速度的偏差在±0.1m/min以内;12根试验桩均满足要求。

⑨取芯检测:建议使用取芯平台对试验桩进行抽芯检测,严格控制取芯的偏差及垂直度,确保取出的芯样位于试验桩位置。

4.1.2 施工装备开发

"四航固基"由中交第四航务工程局有限公司和武汉金鼎船舶公司设计有限公司并经中交第四航务工程局有限公司航通船厂建造,其中DCM系统由中交第四航务工程局有限公司和上海工程机械厂联合制造,控制系统由中交第四航务工程局有限公司和上海金广电气有限公司联合制造。

"四航固基"船舶长72.75m,型宽30m,吃水深4.8m,最大高度49.4m,总质量3730t。船舶立面设计图如图4-6所示,船舶立面图如图4-7所示,船舶实体如图4-8所示。

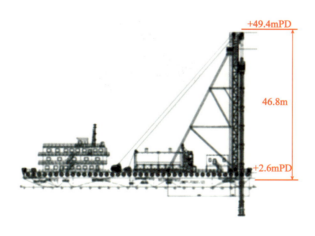

图4-6 "四航固基"船舶立面设计图

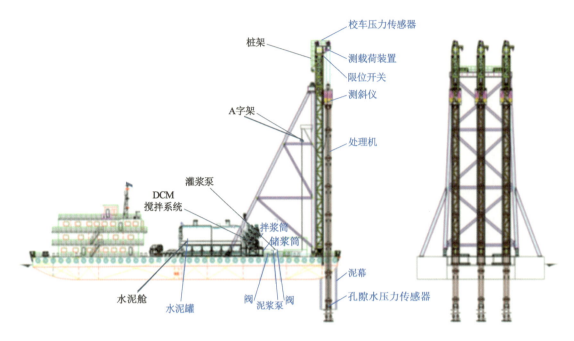

图 4-7 "四航固基"船舶总立面图

图 4-8 "四航固基"船舶实体

"四航固基"船舶参数见表 4-1。

"四航固基"船舶参数　　　　　　　　　　　表 4-1

项　目	设备参数	数　量
处理机钻杆	4 条	3
电机	132kW	12
水泥舱	150t	6
储浆桶	12m³	3

续上表

项　目	设备参数	数　量
搅拌桶	$2m^3$	6
软管注浆泵	Bredel 80 Hose Pump,18.5kW,500L/min	12+3
流量表	80mm,0~600L/min	12+3
海水泵	18.5kW	3
主发电机	1500kW	3
船头起重机	$3t \times 12m$	1

"四航固基"船舶安装了3台DCM处理机,桩架间距4~6m,单桩处理面积$4.62772m^2$(图4-9),每次可单桩、两桩及3桩作业。每台处理机上有4条处理机钻杆,钻杆36m,最大处理深度为甲板以下34m,水下约32m(可增加3m钻杆,最大处理深度所达到水下35m)。DCM处理机钻头如图4-10所示。

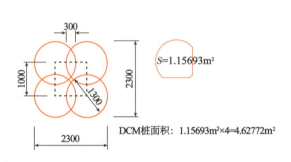

图4-9　DCM处理机处理面积(尺寸单位:mm)　　　图4-10　DCM处理机钻头

DCM施工船上安装6个水泥舱(图4-11),每个水泥舱容纳水泥量达150t,最大水泥储量为900t。水泥舱基本参数见表4-2。

图4-11　DCM施工船水泥舱

水泥舱基本参数　　　　表4-2

项目	水泥舱 A1	水泥舱 A2	水泥舱 B1	水泥舱 B2	水泥舱 C1	水泥舱 C2
容纳水泥量	150t	150t	150t	150t	150t	150t
处理机号	Rig 1	Rig 1	Rig 2	Rig 2	Rig 3	Rig 3

"四航固基"DCM 船安装 15 台注浆泵(图 4-12),每台泥浆泵最大喷浆速度 500L/min,每台处理机配置 4 台注浆泵,3 台备用。

图 4-12　DCM 船注浆泵

"四航固基"DCM 船安装 3 套搅拌系统(图 4-13),每套搅拌系统包含两个搅拌桶,最大容量 2m³,每套系统最大制浆能力为 120m³/h。系统安装 3 个储浆桶(图 4-14),每个储浆桶最大容量 12m³。

图 4-13　DCM 船搅拌系统

图 4-14　DCM 船储浆桶

4.1.3　现场实施要点及经验总结

1)"W"曲线成型施工工艺

与陆上 DCM 工法相比,海上 DCM 在工法应用整体流程、施工装备、施工工艺、施工环境等方面均存在较显著差异。其中,与陆上 DCM 常用的"两搅两喷""四搅两喷""四搅四喷"等施工工艺相比,海上 DCM 工法通常采用"W"曲线成型施工工艺。

为保证土体切割与搅拌均匀,减少贯入阻力,处理机下贯过程中底部喷浆口通常需适量喷水。喷水量与土层土质条件有关,并根据下贯时电流值进行适当调整。当桩顶区域为流泥或浮泥层时,由于土体自身含水率大,处理机下贯到该土层时间可不喷水,避免因土体含水率过大而对成桩效果产生不利影响。对桩底硬土层进行上下反复切割搅拌后,通过底部喷浆口喷浆加固桩底土层。需要指出的是,在到达指定的起始喷浆位置前须提前喷浆以将管路的水排净,确保下贯过程中水泥浆流量稳定。考虑到持力层土体强度较大,为了保证桩底土层加固效果,此阶段可反复提升1~2m增加底部的搅拌次数。完成底部搅拌加固后,处理机开始提升搅拌,并启动上部中心喷浆口喷浆加固,直至顶部砂垫层后停止喷浆,最后提升出砂垫层,清洗管路与钻头。

基于上述施工工艺,DCM施工过程中处理机钻头进行路径所形成的时程曲线,即为"W"曲线,如图4-15所示。在DCM桩施工前,须提前设计好"W"曲线并输入系统,明确各土层中下贯与提升过程施工参数,如转速N、喷水流量Q_w、喷浆流量Q_e、下贯或提升速度V。现场施工中,海上DCM桩是通过自动化程序完成,"W"曲线成型施工工艺曲线则是程度执行的依据和标准,曲线中明确了操作程序需执行的不同阶段、钻进至不同土层的施工参数。需要指出的是,"W"曲线成型施工工艺曲线形式与设备性能及参数、土层条件、施工工艺等密切相关。

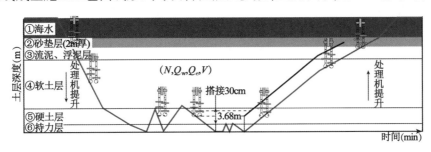

图4-15 海上DCM"W"曲线成型施工工艺曲线

2) 着底判断标准

工程设计中,通常以静力触探测试(CPT)锥尖阻力值作为确定海上DCM桩桩端持力层的依据,进而确定DCM施工桩长。由于工程地区的CPT测点数量有限,根据CPT测试结果仅能得出假定的持力层。实际施工中,一般以贯入过程中施工管理系统上显示的处理机电流值来判断是否达到持力层。正式施工前,通过现场初始试装试验,旨在建立DCM处理机着底判断标准,即建立不同深度下设备响应参数(通常为力矩,以处理机电流来表征)与土层CPT锥尖阻力值之间的关系。

试桩试验开始前,在每组处理机将要施工的第1簇试验桩桩位处进行3个等间距的CPT测试。根据设计要求的持力层CPT锥尖阻力值,每个CPT测点可确定1个持力层位置,将3次测试的结果进行平均即可得到此DCM桩的持力层位置。初始试桩试验中,当处理机按一定的下贯速度、喷水量和转速下贯时,施工管理系统会自动记录处理机贯入持力层时设备响应参数,将此电流值作为该处理机在持力层中的电流特征值,即建立土层力学参数与处理机下贯电流之间的关系,据此确定 DCM 桩着底判断标准。

3)施工质量控制关键参数

由海上 DCM 工法应用整体流程及现场施工工艺可知,影响 DCM 施工质量的关键参数包括被加固土体性质、水泥(固化剂)种类与掺量、水灰比、外掺料,以及处理机贯入速度、提升速度、搅拌轴转速、喷浆量和喷浆方式等工艺参数。其中,每米土体切割搅拌次数(BRN)是海上 DCM 施工中一项重要控制指标。BRN 是一个综合性的工艺参数,与上述各施工工艺参数密切相关。另外,工程实践表明,土体总含水率(包括土体自身含水率、下贯喷水量以及水泥浆液中水的占比)对 DCM 桩体强度影响大。

4.2 块石振密施工工艺及装备组装

4.2.1 施工工艺概述

1)施工技术要求

深中通道沉管隧道基础块石下部为 DCM 桩地基处理方案,DCM 单簇布置形式,单簇直径 2.3m,由 4 根直径 1.3m 的单桩互相搭接 0.3m 而成。桩按纵向间距 3m,横向间距 3m、5m 的非等间距布置,综合置换率 41%,DCM 的 60d 无侧限抗压强度为 1.2MPa,在 DCM 区地基采用了 1.1m 厚块石振密层 +1.0m 碎石垫层方案。沉管基础块石施工主要内容为块石抛填和块石振密,块石振密范围向沉管两侧各扩 3m,基础块石采用粒径为 15~30cm 块石,振密后块石层顶面高程设计允许误差为 ±25cm。

(1)施工技术介绍。

沉管基础块石施工主要内容为块石抛填和块石振密。

块石抛填施工包括如下关键工序。

①块石抛填网格优化。块石抛填前,根据施工区域特点提前绘制抛石网格图,并导入抛石软件。块石抛填典型施工期间,对抛石网格进行比选,在同一管节采取 2 种抛石网格施工,一种网格间距 3m,另一种网格间距 2.5m。经多波束扫测结果显示抛石网格间距由 3m 缩小至 2.5m 后,块石散落更为集中,最终将抛石网格间距设置为 2.5m。

②块石抛填参数计算。

根据前期振密块石层陆地工艺试验结果和 E1、E2 块石振密典型施工总结,DCM 复合地基段的块石夯沉量按照块石厚度的 20% 控制。块石抛填前,沿沉管基础纵向间距 2.5m 划分若干个抛石网格,并以多波束扫测数据计算单个抛石网格的基槽槽底实测高程平均值。已知块石顶设计高程,则块石抛填控制高程 = 块石顶设计高程 + $\dfrac{块石顶设计高程 - 槽底实测高程}{1 - 20\%}$ × 20%。各块石抛填控制参数见表 4-3。

块石抛填控制参数表（单位：m）   表 4-3

施工桩号	块石顶设计高程	槽底实测高程	块石理论厚度	块石预抛厚度	预留20%夯沉量	块石抛填控制高程
K11+398.9	-27.990	-29.650	1.66	2.075	0.415	-27.575
K11+396.4	-28.032	-29.592	1.56	1.950	0.390	-27.642
K11+393.9	-28.074	-29.544	1.47	1.838	0.368	-27.707

③回淤检测。

基槽精挖后，块石抛填施工前3d需检测槽底回淤厚度。多波束水深监测每10m一个断面，多波束测量数据分析发现异常情况时，进行潜水探摸检查。当基槽底重度大于12.6kN/m³的回淤沉积物厚度大于0.2m时，应进行清淤。确定回淤厚度及重度满足设计要求后，方能进行块石抛填施工。

④船舶定位。

块石振密船横跨基槽驻位，石料船靠块石振密船东侧，在施工管理系统的指导下，轴向通过移船、横向通过台车在轨道上移动实现定点、定量抛石。

⑤块石抛填。

块石振密船在测控系统指导下根据抛石网格图进行精确定位，运输石料的石料船靠块石振密船安装在抛石溜管的一侧。溜管台车精确定位后，根据抛石顶高程控制溜管下落距离，溜管底口下放到距离块石设计顶高程2.5m处时，开始通过石料船上的挖掘机向溜管料斗喂料，如图4-16所示。同时，根据测控系统对水下块石顶高程进行实时监测，1个点位抛填至块石控制高程后，抛石溜管小车移动至下一个点位抛填，抛填完1个船位后，移船进行下一个船位的抛填。

（2）施工流程与评价。

块石振密施工流程如图4-17所示。

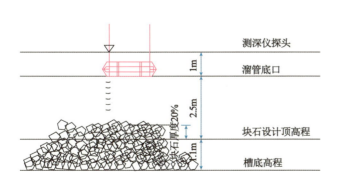

图 4-16 块石抛填示意图

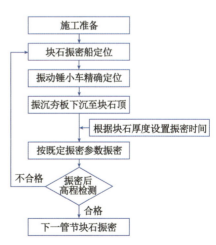

图 4-17 块石振密施工流程

①绘制振密网格。

块石振密前,根据夯板尺寸5m×4m,相邻夯点之间搭接1m,沉管有效振密宽度为沉管两侧各扩3m,即沉管基础块石横向振密宽度为52m。将单个沉管划分为若干个52m×3m的振密网格,并将绘制好振密网格导入块石振密施工软件。

②块石振密控制参数。

DCM复合地基陆上块石振密工艺试验结果表明,APE600液压振动锤转速1600r/min、激振力150kN/m²、振密时间45~75s、夯板尺寸5m×4m、搭接宽度1m等施工参数,可对1.2m、1.8m块石层产生有效的振密。通过现场块石振密典型施工,块石振密时间应根据每个振密网格实测块石平均厚度做动态调整,具体为当平均块石厚度小于1.5m时,时间为45s;平均块石厚度大于1.5m,小于2m时,时间为60s。

③块石振密施工。

块石振密施工时,利用测控定位系统将块石振密船精确定位到指定抛石位置,严格按照前期规划的振密轨迹进行施工。块石振密船和振锤台车精确定位后,控制绞车下放夯板,根据绞车出绳长度计量功能控制绞车行程以及夯板的倾斜度和下沉量,绞车提升或下降速度为5~10m/min,当夯板下放至块石顶时停止下放,开启动力柜,按照块石振密施工控制参数表进行振密施工。

块石振密施工完成后,使用配置多波束系统的测量船进行水下测量,测点布设为垂直于基床轴线10m为1个断面,每个断面测点间距5m。振密后块石顶高程未达设计要求应进行补抛,补抛块石连续面积大于30m²时应进行补夯处理。

④块石振密施工工效。

在石料供应充足情况下,块石振密船溜管抛石工效达到日均1900m³。块石振密日均工效达2184m²/d,单个标准管节基础的块石抛填总量为14500m³,块石抛填需要8d。标准管节长165m,块石振密有效宽度为52m,单个标准管节块石振密总面积为165×52=8580m²。即单个标准管节块石振密时间为4d,单个标准管节块石抛填及振密共需12d。

⑤块石振密施工实施效果。

块石振密完成后,采用多波束进行扫测,生成清晰的三维轮廓影像、平面轮廓影像及准确的断面图。块石振密率达到20%以上,沉管基础块石得到有效密实,块石夯沉量统计表见表4-4。

块石夯沉量统计表 表4-4

施工桩号	实测块石抛填厚度(m)	动力柜转数(r/min)	块石振密时间(s)	夯沉量(m)	振密率(%)	振密率平均值(%)
K11+419.2	1.640	1600	60	0.35	21.34	
K11+416.2	1.720	1600	60	0.38	22.09	
K11+413.2	1.740	1600	60	0.32	18.39	20.59
K11+410.2	1.760	1600	60	0.37	21.02	
K11+407.2	1.690	1600	60	0.34	20.12	

块石振密船自 2020 年 2 月 23 日开始沉管隧道基础块石施工,截至 2020 年 11 月底,共计完成 6 个管节基础块石抛填及振密施工,抛石约 8.7 万 m^3,累计完成块石振密 4.5 万 m^2。根据多波束扫测数据分析,块石抛填高程控制精确,断面成型效果好,基础块石得到有效密实,已安装沉管沉降量满足设计要求。

2) 施工主要难点

(1) 缺乏施工经验。

DCM 区地基采用 1.1 m 厚块石振密层 + 1.0 m 碎石垫层方案在国内尚属首次,在保证振密效果的同时保证 DCM 的承载性能不受影响是施工的最大难点。

(2) 块石振密高程测控精度高、难度大。

块石振密层采用粒径 15 ~ 30cm 的块石进行抛填施工,而块石振密层顶面高程允许偏差仅 ± 25cm。

(3) 交叉作业多,前后工序衔接紧密,对现场施工协调要求高。

沉管基础块石施工时交叉工序繁多,基槽精挖、碎石基础整平、沉管浮运安装等,特别是岛隧接合部的施工交叉作业多,施工区域内的船舶作业多,现场施工协调难度大。

4.2.2 施工装备组装

根据工程特点,为了避免水流作用影响抛石精度,新研制专用块石振密船,开发了满足精度要求的抛石设备。抛石采用溜管下料,保证下料不受水流的影响,确保下料位置的准确性。溜管小车在船上能灵活移动定位,做到定点定量抛填。块石振密船平面布置示意图如图 4-18 所示。

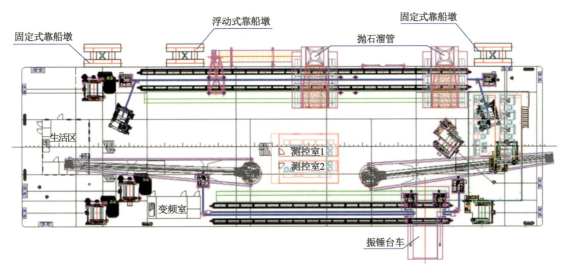

图 4-18 块石振密船平面布置示意图

1) 溜管抛石台车

溜管抛石台车施工时利用卷扬机牵引行走,行走时测距仪实时监测小车位置。溜管由 3

节管组成,大管套小管,第 1 节管直径 1.5 m,其余 2 节直径逐渐递增,溜管水下部分设置泄流孔。为满足 12~36 m 水深变化要求,溜管抛石台车两侧设置卷扬机,溜管可以通过卷扬机自由提升。溜管底部下料点装置多通道测深仪,抛填时可以实时监测下料点块石高程以指导施工。

2)液压振动锤小车

振动锤小车施工时利用卷扬机牵引行走,行走时测距仪实时监测小车位置。块石振密施工采用 APE600 液压振动锤系统进行作业,利用液压振动锤产生的激振力对块石基床进行振密,APE600 液压振动锤与夯板连接,振锤系统质量约 72 t,夯板尺寸为 5m×4 m,设有泄水孔。悬臂小车上设有 2 台卷扬机,通过滑轮组将液压振动锤及夯板放入水中,如图 4-19 所示。

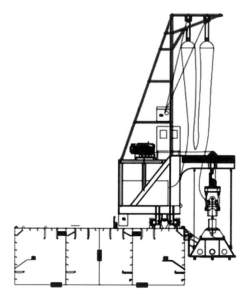

图 4-19 液压振动锤小车示意图

3)测控系统

(1)平面控制系统。

船上设 3 台 GPS 流动站,对船体进行平面定位,利用测距仪实时监测台车距测距仪距离并传输至测量控制室,根据固定船体参数反算出抛石台车和振锤台车的平面位置。

(2)高程控制系统。

利用台车和 GPS 的相对位置关系,测算出台车固定位置与 GPS 的高差,溜管抛石台车固定位置至溜管底口的高差根据测绳计量功能推算,计算出块石顶面高程。

(3)测控施工管理系统。

为了满足溜管抛石和振密施工定位需求,集成开发了测控施工管理系统。

4.2.3 现场实施要点及经验总结

在本项目中,为了进一步提高施工工效,在设备研发阶段将海上抛石船和夯平船集合于一身,既提高了夯平施工效率,又减少了作业船舶数量,大大降低了船机成本和设备燃油消耗。在块石抛填与块石夯平施工时,现场总结了可以提高工效的如下措施。

1) 合理组织作业船舶

在施工海域内合理组织施工船舶与作业流程,块石供料船靠驻抛石夯平船存料区一侧,用一台挖掘机将石料卸至船上,用第二台挖掘机进行倒料,第三台挖掘机将石料倒入溜管料斗口,如图4-20所示。

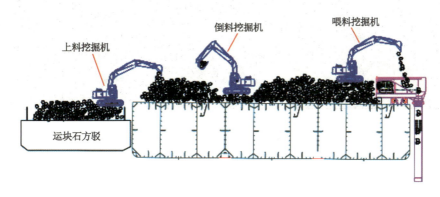

图4-20 供料、转运、卸料示意图

2) 作业船快速精准定位

根据施工区域特点提前绘制抛石基线及网格图,在测量系统中先设定施工基线,测量管理系统根据基线指导抛石船进行移船定位,如图4-21、图4-22所示。

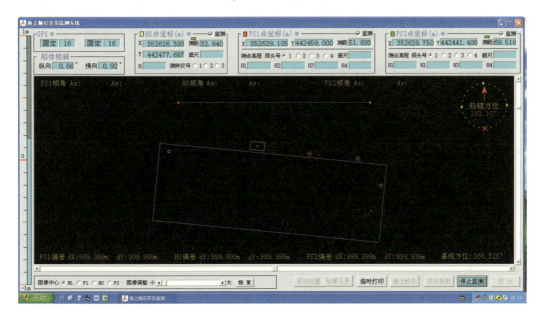

图4-21 抛石船定位

图 4-22 抛石溜管定位到基线

3) 溜管下放高度控制

抛石溜管台车根据测控系统先行精准定位,然后开始放下溜管。根据隧道基槽的设计底高程反算块石抛填顶高程,根据抛石顶高程控制溜管的下放高度。根据前期模拟抛石试验,若溜管底口距基底高差太大,抛出的石堆形状较分散;若高差太小,易导致石堆波峰和波谷高差太大,同时可能有部分块石残留在管中。抛石小车在轨道上滑行时,易导致溜管的变形,因此,选取合适的高度至关重要。为准确设置溜管高度,利用溜管上测深探头,探头距溜管底口距离1m,在溜管下放过程中,测量人员与操作人员加强沟通,测量人员实时报出探头测深数据。

溜管下放完成后,开始向溜管小车喂料并估算每个点位的抛石量,同时根据监测系统对水下块石的高程变化情况进行实时监测,根据估算的抛石量和监测数据指导抛石施工。一个点位抛填完,抛石溜管小车通过滑道移动至下一个点位进行抛填。根据施工需要,共设置2台抛石系统,每个断面抛填完毕,应移船至下一个断面。

4) 块石抛填高程控制

根据工程特点及工序之间的衔接情况,以"宁低勿高"为原则指导块石抛填施工。在抛填过程中,利用测量管理系统对溜管周围块石高程进行实时监测,根据显示的监测数据和设计高程进行比较,达到要求后进行下一点位的抛填。整个区域抛完后,用测量船对块石抛填高程进行检测,对部分块石高程较低区域进行补抛,达到要求后进行块石夯平作业,根据实际效果确定最佳控制高程。块石抛填时,测量管理系统管理人员及时和抛填人员沟通交流,抛填人员应根据系统管理人员指令控制抛石量,抛填时要预留一定的夯沉量,同时尽量避免块石抛填过高。

5) 块石夯平施工

块石夯平时应分段实施,每层夯实后厚度应小于或等于 2m,根据典型施工夯平效果分析,相邻断面和相邻夯点之间搭接量为 1m 时,可以保证施工对平整度的要求。

6) 块石夯平高程控制

在一定范围块石抛填完成并检测合格后,利用液压锤夯平系统对块石进行振沉夯平,夯沉时,根据卷扬机出绳长度计量功能控制卷扬机行程测定夯板下沉量,测量管理系统根据卷扬机的出绳长度可以反算出夯板所处高程位置,根据夯板高程控制块石顶高程。

当夯板底面处于块石设计顶高程时停止夯平施工。夯平作业完成以后,使用配置单波束系统的测量船进行水下测量,测点布设为垂直于基床轴线 10m 为一个断面,每个断面测点间距 2m,及时整理资料上报监理。

4.3 碎石垫层施工工艺及装备研发

4.3.1 施工工艺概述

碎石整平船的主体为箱形"回"字形双层甲板结构,平台四角上布置有 4 根采用齿轮齿条形式驱动的桩腿,如图 4-23 所示。平台中央为月池,上部设有 1 台可以纵向移动的大车。大车上装有带有抛石管的小车,抛石管随大车和小车的移动,完成规定行程,同时将石料铺设至海底槽床上。

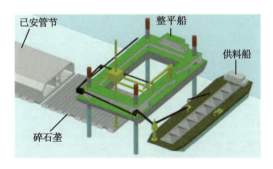

图 4-23 整平船整平铺设示意图

到达指定工作区域后,经过插桩、抬升过程使平台固定于一定的高度上。碎石石料由进料口进入,通过皮带机系统接力传输后最终进入抛石管。抛石作业分 2 层完成,抛石作业后通过自身进行质量检测,验收整平精度。满足设计要求后,平台下降、拔桩,移动平台至下一个区域进行碎石整平作业,直至一节沉管的碎石铺设完成。

4.3.2 施工装备开发

2019 年 4 月 9 日,由中交第一航务工程局有限公司研发投资、上海振华重工建造的自升式碎石铺设整平船"一航津平 2"轮(图 4-24)在南通下水。这艘世界最大、最先进的自升式碎石铺设整平船投产后,将进一步巩固我国在海底隧道基础施工领域的世界领先地位。

图 4-24 "一航津平 2"轮实物图

"一航津平 2"轮于 2018 年 7 月 20 日开工建造,集基准定位、石料输送、高精度铺设整平、质量检测验收功能于一体,船长 98.7m,宽 66.3m,相当于一个足球场大小;型深 6.5m,桩腿总长 75m(可根据水深工况环境接长至 95m),铺设整平作业最大水深 40m,每 4 个船位即可完成单个沉管的抛石整平作业。因铺设作业的高效率和自动化,该船被誉为深水碎石铺设的"3D打印机"。

与港珠澳大桥深水整平的功勋船舶"津平 1"轮相比,该船在性能、规格、国产化程度等方面均实现超越:铺设范围更广,在不移动船身的情况下,单个船位碎石铺设整平作业范围达 2500m^2,等同于 6 个标准篮球场;整平效率更高,整平速度较"津平 1"轮提升了一倍,最高可达 5m/min;作业寿命更长,桩腿使用寿命长达 2000h。同时,在设计、建造方面均实现了国产化,尤其是施工管理系统成功突破国外技术封锁,实现了整套系统自主研发。该船于 2019 年 7 月服役在深中通道,在沉管基础整平关键工序中发挥了无可替代的核心作用。

4.3.3 现场实施要点及经验总结

1)碎石整平船驻位和插桩

整平船拖航至指定作业地点后,抛锚定位,同时下放 4 根桩腿至海底入泥,持续给桩腿施加荷载,到桩腿站立稳固为止。

2)预压载

整平船桩腿插入泥土中后,平台抬升至一定气隙,船舶重量及可变荷载都将由桩腿承受,桩腿同时还将承受风浪流引起的荷载,这些荷载将会使桩腿继续下陷甚至产生穿刺,恶劣海况下可能会产生灾难性后果。为避免这一情况发生,需进行预压载。预压载通过增加桩腿荷载的方式,使桩腿所受垂向荷载达到其所能承受的极端环境荷载,保存一段时间,从而使桩腿下陷,直到达到目标支反力,不再下陷为止,因此,预压载大大降低了在风暴中地基移位或失效的可能性。本船采用对角线直接压载方式及打压载水船体四角均衡压载方式。

3)整平船抬升

在下降桩腿前先将整平船调平。通过调整压载水舱,观察船体倾斜仪,将船体调整到水平状态。抬升通过抬升装置进行,抬升装置安装在升降主结构内,通过变频电机驱动减速箱,带动爬升齿轮与桩腿齿条进行啮合运动,以此实现平台升起或下降。

4)整平施工作业

抛石管定位完成后,反复伸缩整平头上的液压油缸确认行程,确保油缸伸缩行程满足在一个船位的铺设中不需再升降抛石管。高程是从抛石管中心进行标定,碎石垄中心高程与设计高程一致,垄两端误差为4mm,整平船开始碎石基床整平铺设作业。综合考虑本船的设计刚度,工程施工进度要求,底层、顶层碎石精度要求等因素,采用底层碎石铺设抛石管行走速度为1.5m/min,顶层碎石铺设抛石管行走速度为1.0m/min,垫层验收抛石管行走速度为2.5m/min。

5)碎石铺设垫层检测

声呐受水深、水温、盐分浓度、浑浊度等因素的影响使测量值产生误差,所以,每次验收前都需要校准。校准时,将抛石管降至施工深度,通过调整校准声呐音速,当测量值显示1.5m时将此音速应用于基床铺设使用声呐。铺设作业完成后沿碎石垄横断面检测垄中心的高程,沿纵断面检测碎石垫层宽度L、纵坡的$L/6$和$L/2$共3条线的高程。当碎石基床存在部分超出要求范围时,采用整平头局部刮平处理或重新铺设。

6)拔桩撤船

一个船位基床铺设完成检测合格后,将整平船下降入水,通过船体的浮力将桩腿拔出,移船至下一船位进行基床铺设。

第 5 章 DCM 复合地基 + 块石振密 + 碎石垫层组合基础沉降监测与反分析

5.1 沉降监测方案

深中通道沉管隧道共包括 32 个管节,为了了解沉管沉放后的管节沉降和相邻管节之间的差异沉降,保障沉管隧道的施工与运营安全,在沉管隧道内开展沉降监测,具体方案如下。

管节监测运用全站仪法、水准仪法两种观测方法,用全站仪法进行沉降监测时,将全站仪架设于管节内固定位置,采用三角高程测量,通过往返测量检核测量准确度,测量各点间高差,通过计算获得点位高程,后视点为管节外暗埋段的两个平面控制点,编号分别为 E1GT 和 E1WY,设站完成后前视监测点进行监测。水准仪法按照国家二等水准测量技术要求进行观测,作业过程严格遵守规范要求,采用固定仪器按照相同的观测路线进行。

管节沉降监测平面布置图如图 5-1 所示。

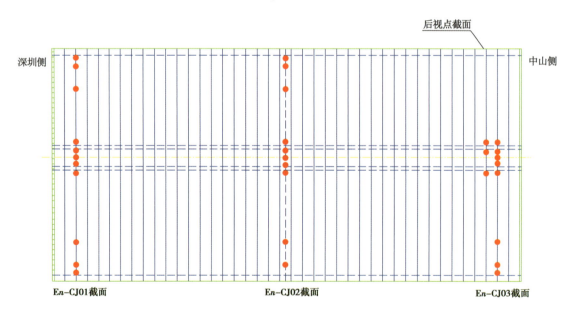

图 5-1 管节沉降监测平面布置图

使用全站仪 TS09 进行对边测量,收敛侧线布置如图 5-2 所示。

第5章 DCM复合地基+块石振密+碎石垫层组合基础沉降监测与反分析

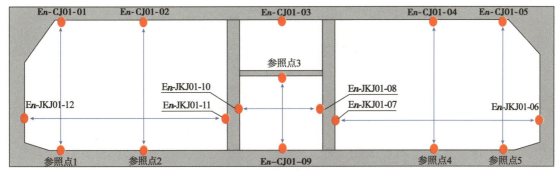

图 5-2 管节变形收敛测线布置图

5.2 沉降监测数据

以 E2 管节中山侧首端底部中间 E2-03-09 监测点沉降数据作为对比分析。通过梳理施工过程和沉降监测数据,绘制了 E2-03-09(首端)时间-荷载-沉降量曲线,如图 5-3 所示。由图中可以看出,到目前时间节点,E2-03-09 监测点的沉降值在 11.43~12.80mm 之间波动,平均值为 12.12mm。

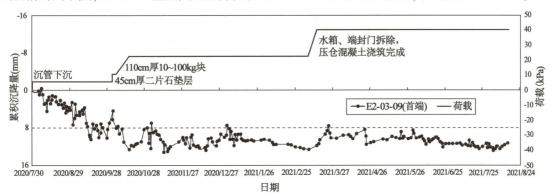

图 5-3 E2-03-09(首端)时间-荷载-沉降量曲线

5.3 监测成果反分析

5.3.1 计算模型

1)模型横断面

计算的里程桩号为 K11+941.20,模型横断面如图 5-4 所示。

2)计算原理与基本假定

采用三维有限元计算模型分析 K11+941.20 断面沉管施工过程中应力变形情况。为了优化计算方法,提高计算效率,地层取最不利地质,建立模型时仅考虑一半结构,沿隧道方向模型的长度为 3m(纵向 1 根 DCM),垂直于隧道方向的范围为 0~110m,深度方向计算土层取至中风化岩顶面以下 10m,计算模型如图 5-5 所示。

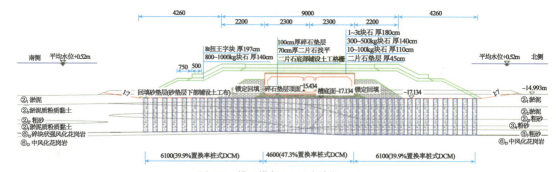

图 5-4 模型横断面(尺寸单位:cm)

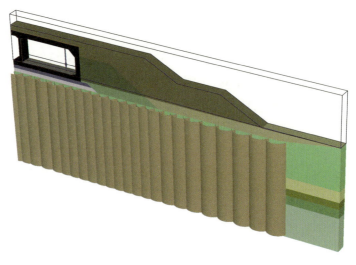

图 5-5 计算模型

隧道底部 DCM 桩体按照实体单元建模,将桩按照面积相同的原则等效为圆形桩,桩布置按照实际设计情况建模,具体的结构形式如图 5-6 所示。

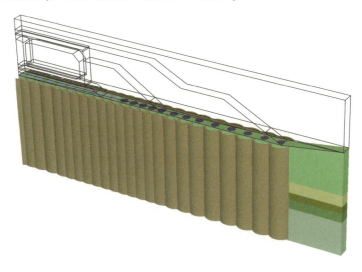

图 5-6 DCM 桩体布置

3) 边界条件

边界条件为:四周法向约束,底部完全固定。

4) 计算参数

计算使用的地质与结构参数见表 5-1 和表 5-2。根据原位测试结果,碎石垫层模量取值为 9MPa,110cm 厚振密块石模量为 40MPa;根据 DCM 弹性模量计算公式 $E_p = 100 \times q_t = 100 \times [q_{60} + 1.648(\lg T - \lg 60)]$,沉管底 DCM 模量取值为 284.8MPa,周围回填区下面的 DCM 模量取值为 324.8MPa。各土层使用土体硬化模型,回填碎石、桩体等采用 MC 模型,沉管结构和压仓混凝土采用线弹性模型,参数见表 5-1。

土体及二片石参数 表 5-1

参数分类	数值计算用基本物理力学参数(地勘报告直接获得)					(参考港珠澳大桥隧道基础计算经验)					
土层名称	饱和重度 (kN/m^3)	黏聚力 c' (kPa)	内摩擦角 ϕ (°)	层顶高程 (m)	层底高程 (m)	压缩模量 E_{oed} (MPa)	极限应变50%对应的割线模量 E_{50} (MPa)	卸荷切线模量 E_{ur} (MPa)	泊松比 v_{ur}	强度折减因子 R_f	破坏比 R_{inter}
②$_1$ 淤泥	15.23	5.64	10.70	-14.993	-21.293	1.57	2.533	4.71	0.2	0.9	0.67
②$_2$ 淤泥	16.10	6.63	9.17	-21.293	-27.793	1.64	2.916	4.92	0.2	0.9	0.67
②$_{27}$ 粗砂	19.70	3.70	27.40	-27.793	-31.093	8.4	8.4	25.2	0.2	0.9	0.67
③$_4$ 粉砂	19.60	9.00	28.20	-31.093	-33.193	8.4	8.4	25.2	0.2	0.9	0.67
③$_7$ 粗砂	20.90	7.40	28.40	-33.193	-35.893	8.4	8.4	25.2	0.2	0.9	0.67
⑥$_{13}$ 中风化花岗岩	26.20	8.00	28.00	-35.893	-46.000	1000.00	1000.00	3000.00	0.2	0.9	0.67
沉管顶部二片石	21.00	0.10	30.00	—	—	4.50	4.50	13.50	0.2	0.9	0.67

碎石垫层、回填碎石及结构参数 表 5-2

名称	本构模型	饱和重度 (kN/m^3)	黏聚力 c' (kPa)	内摩擦角 ϕ (°)	弹性模量 (MPa)	泊松比 v_{ur}	强度折减因子 R_{inter}
振密块石	摩尔-库伦	21.00	0.10	30.00	40.0	0.2	0.67
碎石垫层	摩尔-库伦	21.00	0.10	30.00	9.0	0.2	0.67
10~100kg 块石	摩尔-库伦	21.00	0.10	30.00	15.0	0.2	0.67
压重混凝土	线弹性	26.00	500.00	30.00	30000	0.2	0.67
DCM(沉管底部)	摩尔-库伦	22.00	500.00	30.00	284.8	0.2	1.00
DCM(回填区底)	摩尔-库伦	22.00	500.00	30.00	324.8	0.2	1.00
沉管结构	线弹性	26.023	—	—	34500	0.167	0.5
锁定回填	摩尔-库伦	21.00	3.00	36.00	25.0	0.2	0.67

水位取平均水位 +0.052m。

5)施工步骤

模拟施工至 2021 年 10 月,具体步骤见表 5-3。

E2 管节施工过程梳理　　　　表 5-3

序号	施工过程	过程说明	开始时间	终止时间	起始天	终止天
1	初始地应力	—	—	2018 年 11 月 1 日	—	—
2	DCM 施工	2018 年 10 月 28 日正式施工,至 2020 年 3 月 7 日,历时 496d,完成 6529 根 DCM 桩打设。按 2018 年 11 月 1 日—2018 年 12 月 30 日施工	2018 年 11 月 1 日	2018 年 12 月 30 日	0	59
3	基槽开挖	2020 年 3 月 27 日,E1 管节开始施工;2020 年 4 月 10 日,E1 管节基槽精挖完成并通过验收。之后,转战 E2 管节	2020 年 4 月 10 日	2020 年 4 月 15 日	526	531
4	110cm 振密块石	按 2020 年 5 月 1 日—2020 年 6 月 1 日计算	2020 年 5 月 1 日	2020 年 6 月 1 日	547	578
5	100cm 碎石垫层	按 2020 年 6 月 1 日—2020 年 7 月 1 日计算	2020 年 6 月 1 日	2020 年 7 月 1 日	578	608
6	沉管下沉	2020 年 7 月 30 日沉管下沉完成	2020 年 7 月 30 日	2020 年 7 月 30 日	637	637
7	锁定回填	2020 年 8 月 16 日锁定回填完成	2020 年 7 月 31 日	2020 年 8 月 16 日	638	654
8	管顶 45cm 二片石垫层	2020 年 11 月 22 日管顶二片石 99.6%;2021 年 1 月 10 日管顶二片石 114.9%	2020 年 10 月 2 日	2020 年 10 月 5 日	701	704
9	110cm 10~100kg 块石	2020 年 11 月 22 日一般块石完成 86.2%	2020 年 10 月 5 日	2020 年 10 月 15 日	704	714
10	140cm 300~500kg 块石	2021 年 2 月 21 日 300~500kg 块石完成比 8.1%,未涉及 E2 端部位置	—	—	—	—
11	端封门拆除,压仓混凝土浇筑	2021 年 3 月 7 日—2021 年 3 月 14 日端封门拆除,压仓混凝土完成	2021 年 3 月 7 日	2021 年 3 月 14 日	857	864
12	180cm 1~3t 块石	未进行	—	—	—	—
13	140cm 800~1000kg 块石	未进行	—	—	—	—
14	197cm 8t 扭王字块	未进行	—	—	—	—

5.3.2　各工序下的计算结果

使用 PLAXIS 3D 数值模拟软件,模拟了自沉管下沉以后工序中,沉管、碎石及二片石垫层、DCM 桩体的竖向沉降量及竖向压应力对比云图。

第5章 DCM复合地基+块石振密+碎石垫层组合基础沉降监测与反分析

1）沉管下沉阶段竖向沉降与压应力

沉管下沉阶段竖向沉降见表5-4。

沉管下沉阶段竖向沉降   表5-4

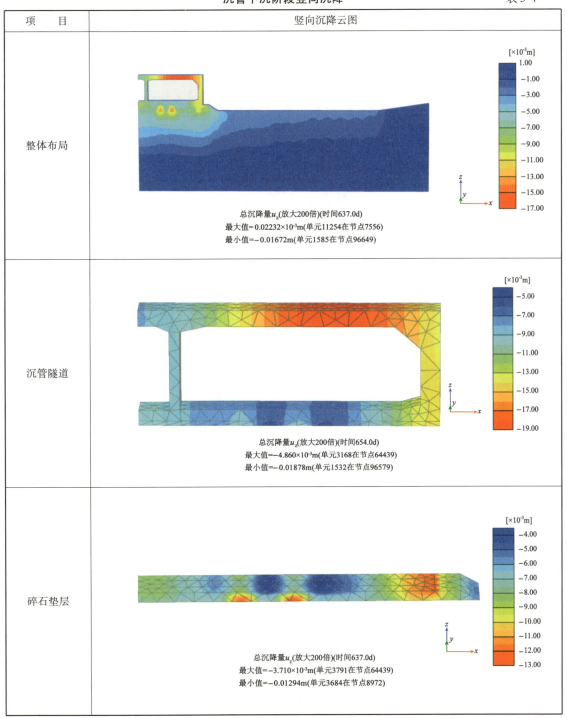

项目	竖向沉降云图
整体布局	总沉降量u_z(放大200倍)(时间637.0d) 最大值=0.02232×10^{-3}m(单元11254在节点7556) 最小值=−0.01672m(单元1585在节点96649)
沉管隧道	总沉降量u_z(放大200倍)(时间654.0d) 最大值=−4.860×10^{-3}m(单元3168在节点64439) 最小值=−0.01878m(单元1532在节点96579)
碎石垫层	总沉降量u_z(放大200倍)(时间637.0d) 最大值=−3.710×10^{-3}m(单元3791在节点64439) 最小值=−0.01294m(单元3684在节点8972)

续上表

项　　目	竖向沉降云图
振密块石	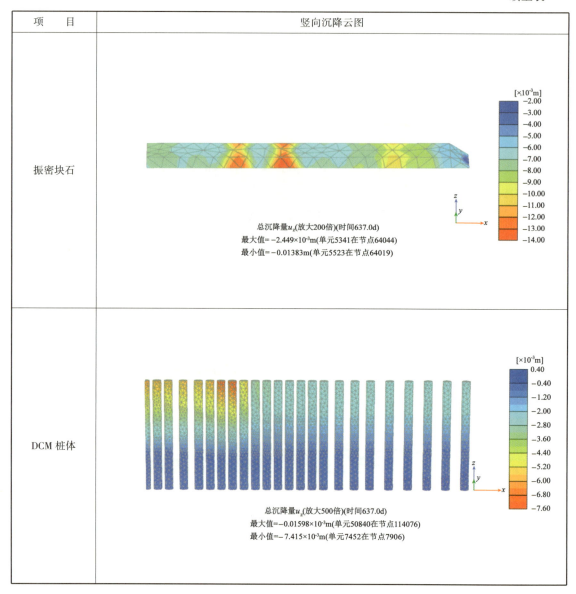
DCM 桩体	

根据表5-4可以看出,沉管下沉阶段各位置竖向沉降量及最大沉降位置,见表5-5。

沉管下沉阶段各位置竖向沉降量及最大沉降位置　　表5-5

项　　目	沉降量(mm)	最大沉降位置
沉管隧道	18.8	沉管顶部,受外界水压影响
碎石垫层	12.9	垫层底部,桩间距由3m增加到4m位置
振密块石	13.8	振密块石底部,桩间距由3m增加到4m位置
DCM 桩体	7.4	沉管底部,偏右侧位置

沉管下沉阶段竖向压应力计算结果见表5-6。

沉管下沉阶段竖向压应力计算结果　　　　表5-6

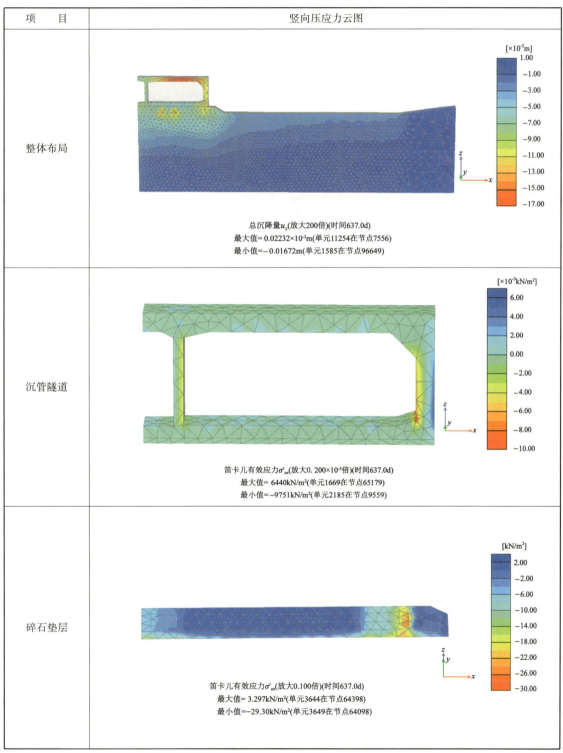

项　目	竖向压应力云图
整体布局	总沉降量u_z(放大200倍)(时间637.0d) 最大值= 0.02232×10⁻³m(单元11254在节点7556) 最小值=−0.01672m(单元1585在节点96649)
沉管隧道	笛卡儿有效应力σ'_{zz}(放大0.200×10⁻³倍)(时间637.0d) 最大值=6440kN/m²(单元1669在节点65179) 最小值=−9751kN/m²(单元2185在节点9559)
碎石垫层	笛卡儿有效应力σ'_{zz}(放大0.100倍)(时间637.0d) 最大值=3.297kN/m²(单元3644在节点64398) 最小值=−29.30kN/m²(单元3649在节点64098)

续上表

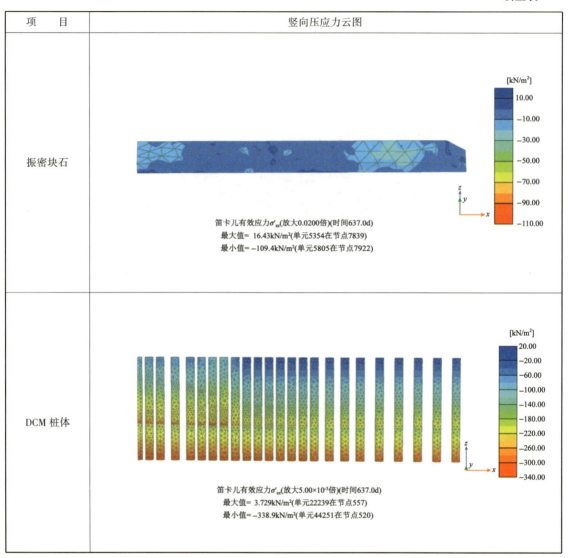

根据表 5-6 可以看出，沉管下沉阶段各位置竖向压应力值及最大竖向压应力位置，见表 5-7。

沉管下沉阶段各位置竖向压应力值及最大竖向压应力位置　　表 5-7

项　目	竖向压应力（kN/m^2）	最大竖向压应力位置
沉管隧道	9.75×10^3	沉管内侧底部
碎石垫层	29.30	垫层右侧
振密块石	109.40	振密块石右侧
DCM 桩体	338.90	桩体底部

2）锁定回填阶段竖向沉降与压应力

锁定回填阶段，竖向沉降计算结果见表5-8。

锁定回填阶段竖向沉降计算结果　　　　表5-8

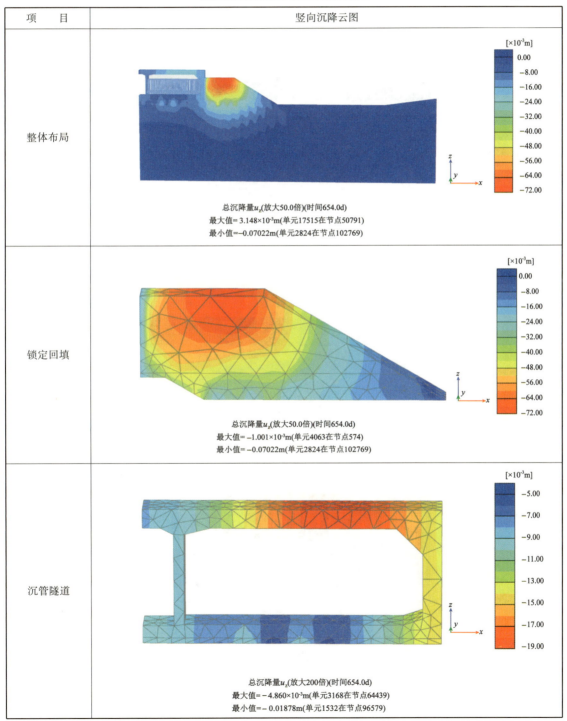

续上表

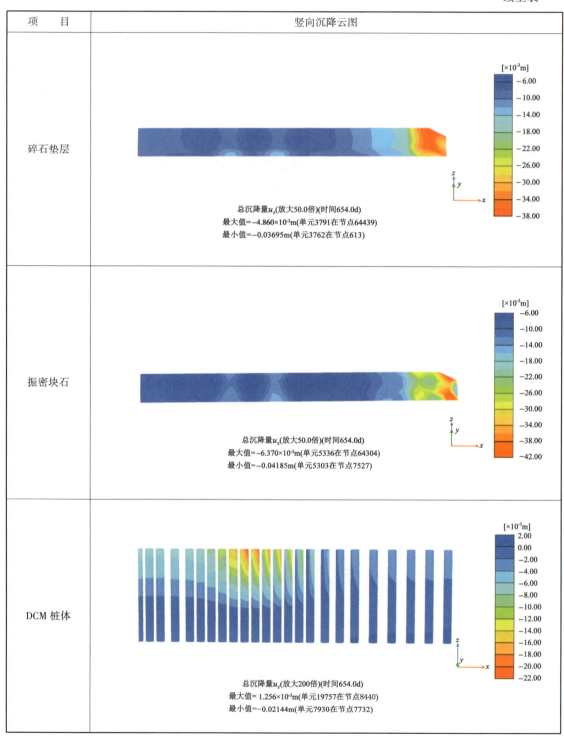

根据表 5-8 可以看出，锁定回填阶段各位置竖向沉降量及最大沉降位置，见表 5-9。

第5章 DCM复合地基+块石振密+碎石垫层组合基础沉降监测与反分析

锁定回填阶段各位置沉降量及最大沉降位置　　　　　　　　表 5-9

项　目	沉降量（mm）	最大沉降位置
锁定回填	70.2	回填块石顶部
沉管隧道	18.8	沉管顶部，受外界水压影响
碎石垫层	37.0	垫层底部右侧，与锁定回填接触位置
振密块石	41.9	振密块石右侧，与锁定回填接触位置
DCM 桩体	21.4	锁定回填块石底部

锁定回填阶段，竖向压应力云图见表5-10。

锁定回填阶段竖向压应力　　　　　　　　表 5-10

项　目	竖向压应力云图
整体布局	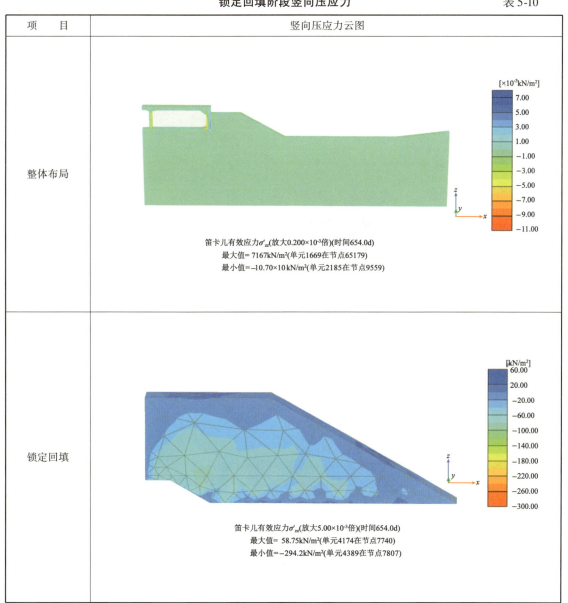 笛卡儿有效应力 σ'_{zz}（放大 0.200×10^{-3} 倍）（时间654.0d） 最大值= 7167kN/m²（单元1669在节点65179） 最小值=−10.70×10 kN/m²（单元2185在节点9559）
锁定回填	笛卡儿有效应力 σ'_{zz}（放大 5.00×10^{-3} 倍）（时间654.0d） 最大值= 58.75kN/m²（单元4174在节点7740） 最小值=−294.2kN/m²（单元4389在节点7807）

续上表

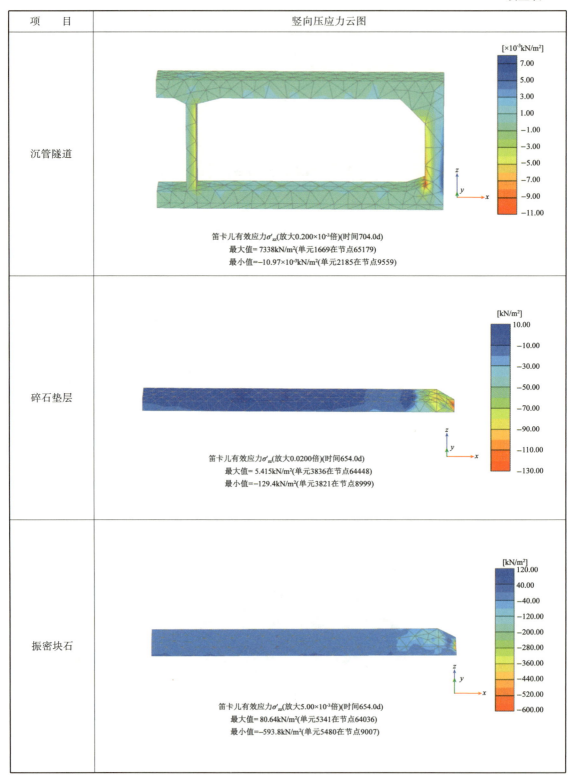

续上表

项　目	竖向压应力云图
DCM 桩体	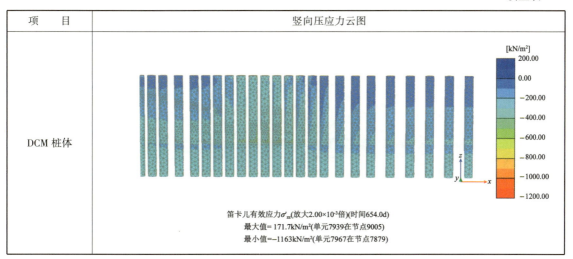 笛卡儿有效应力 σ'_{zz}(放大 $2.00×10^{-3}$ 倍)(时间654.0d) 最大值= 171.7kN/m²(单元7939在节点9005) 最小值= -1163kN/m²(单元7967在节点7879)

根据表 5-10 可以看出，锁定回填阶段各位置竖向压应力值及最大竖向压应力位置，见表 5-11。

锁定回填阶段各位置竖向压应力值及最大竖向压应力位置　　表 5-11

项　目	竖向压应力（kN/m²）	最大竖向压应力位置
锁定回填	294.2	锁定回填块石左侧下部
沉管隧道	$9.75×10^3$	沉管内侧底部
碎石垫层	129.4	垫层右侧，与锁定回填块石接触位置
振密块石	593.8	振密块石右侧，与锁定回填块石接触位置
DCM 桩体	1163	桩体底部

3) 管顶二片石垫层铺设阶段竖向沉降与压应力

管顶二片石垫层铺设阶段竖向压力见表 5-12。

管顶二片石垫层铺设阶段竖向沉降　　表 5-12

项　目	竖向沉降云图
整体布局	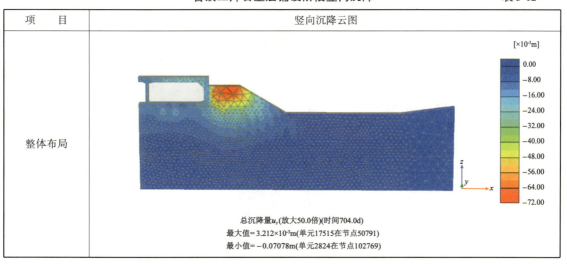 总沉降量 u_z(放大50.0倍)(时间704.0d) 最大值= $3.212×10^{-3}$m(单元17515在节点50791) 最小值= -0.07078m(单元2824在节点102769)

续上表

项 目	竖向沉降云图
二片石	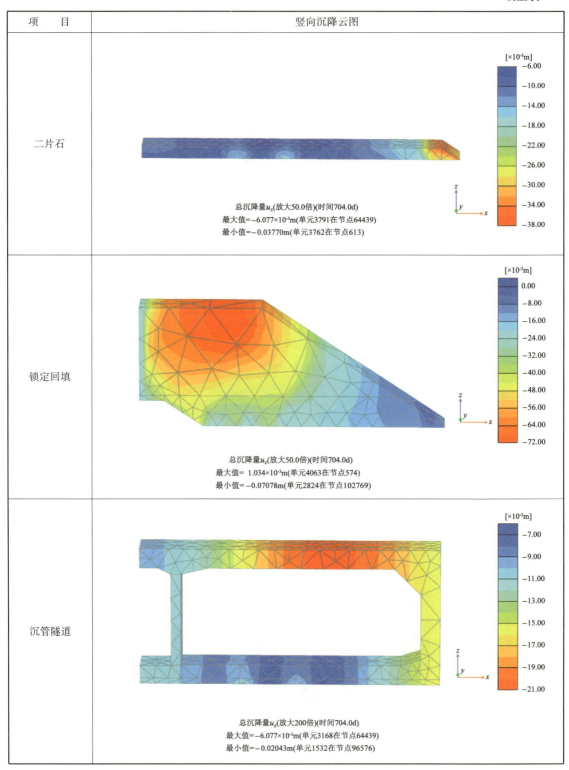
锁定回填	
沉管隧道	

续上表

项目	竖向沉降云图
碎石垫层	
振密块石	
DCM 桩体	

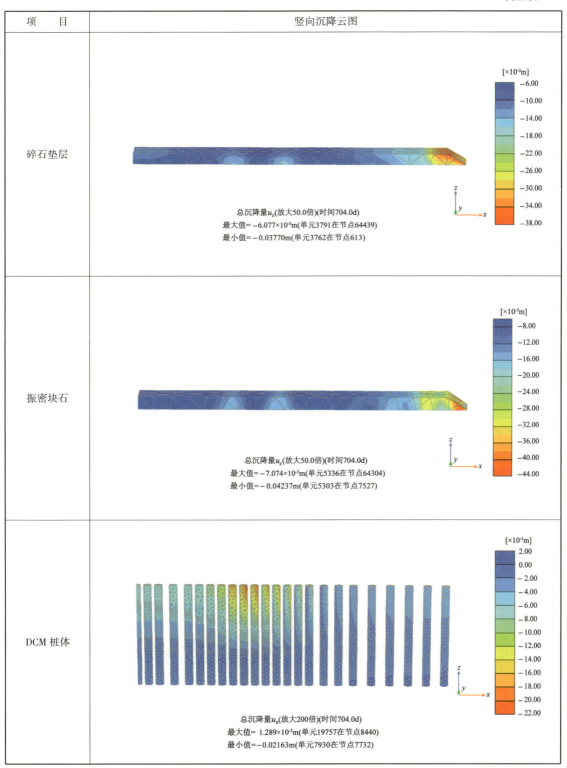

根据表5-12可以看出,管顶二片石铺设阶段各位置竖向沉降量及最大沉降位置,见表5-13。

锁定回填阶段各位置沉降量及最大沉降位置　　　　表5-13

项　　目	沉降量(mm)	最大沉降位置
管顶二片石铺设	37.7	二片石右侧
锁定回填	70.8	回填块石顶部
沉管隧道	20.4	沉管顶部,受外界水压影响
碎石垫层	37.7	垫层底部右侧,与锁定回填接触位置
振密块石	42.4	振密块石右侧,与锁定回填接触位置
DCM桩体	21.6	锁定回填块石底部

管顶二片石铺设阶段,各位置竖向压应力见表5-14。

管顶二片石铺设阶段各位置竖向压应力　　　　表5-14

项　　目	竖向压应力云图
整体布局	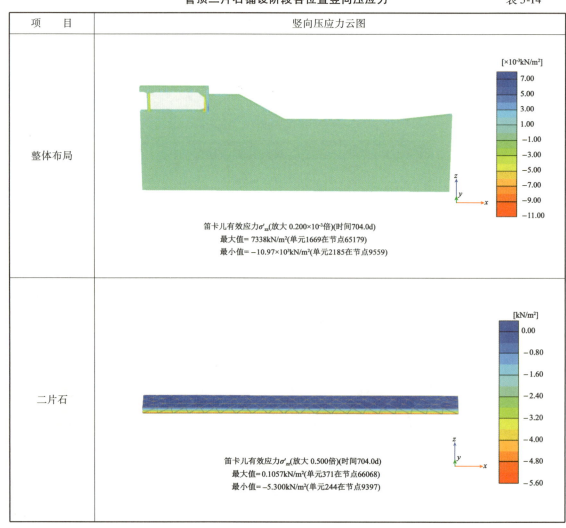
二片石	

第5章 DCM复合地基+块石振密+碎石垫层组合基础沉降监测与反分析

续上表

项　　目	竖向压应力云图
锁定回填	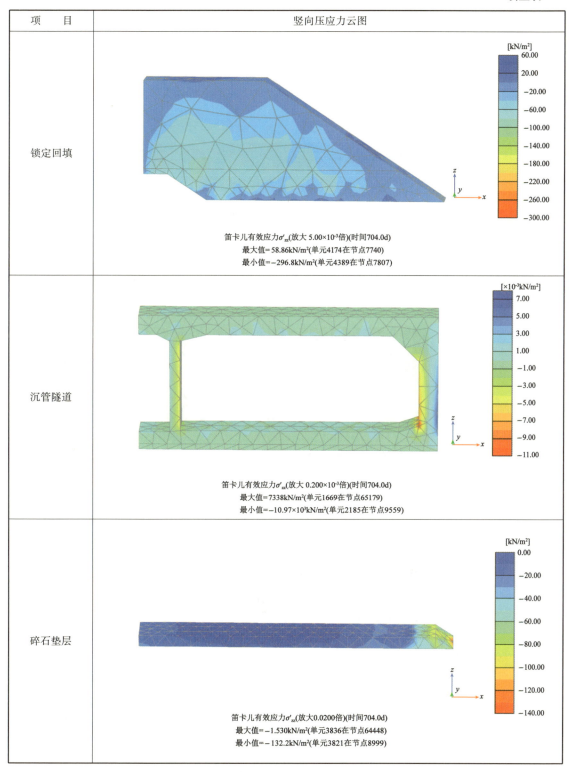 笛卡儿有效应力 σ'_{zz}(放大 5.00×10^{-3}倍)(时间704.0d) 最大值=58.86kN/m²(单元4174在节点7740) 最小值=−296.8kN/m²(单元4389在节点7807)
沉管隧道	笛卡儿有效应力 σ'_{zz}(放大 0.200×10^{-3}倍)(时间704.0d) 最大值=7338kN/m²(单元1669在节点65179) 最小值=−10.97×10³kN/m²(单元2185在节点9559)
碎石垫层	笛卡儿有效应力 σ'_{zz}(放大0.0200倍)(时间704.0d) 最大值=−1.530kN/m²(单元3836在节点64448) 最小值=−132.2kN/m²(单元3821在节点8999)

续上表

项　目	竖向压应力云图
振密块石	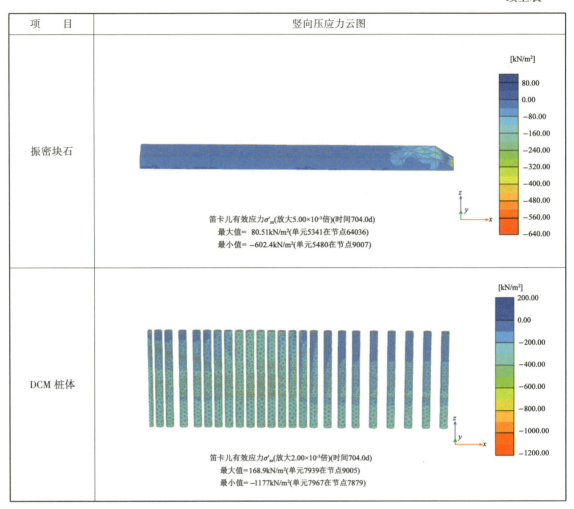 笛卡儿有效应力 σ'_{zz}(放大5.00×10⁻³倍)(时间704.0d) 最大值= 80.51kN/m²(单元5341在节点64036) 最小值= −602.4kN/m²(单元5480在节点9007)
DCM桩体	笛卡儿有效应力 σ'_{zz}(放大2.00×10⁻³倍)(时间704.0d) 最大值=168.9kN/m²(单元7939在节点9005) 最小值= −1177kN/m²(单元7967在节点7879)

根据表5-14可以看出，管顶二片石铺设阶段各位置竖向压应力值及最大竖向压应力位置，见表5-15。

管顶二片石铺设阶段各位置竖向压应力值及最大竖向压应力位置　　表5-15

项　目	竖向压应力（kN/m²）	最大竖向压应力位置
管顶二片石	5.3	二片石底部
锁定回填	296.8	锁定回填块石左侧下部
沉管隧道	10.97 × 10³	沉管内侧底部
碎石垫层	132.2	垫层右侧，与锁定回填块石接触位置
振密块石	602.4	振密块石右侧，与锁定回填块石接触位置
DCM桩体	1177	桩体底部

4) 10～100kg 块石铺设阶段竖向沉降与压应力

10～100kg 块石铺设阶段竖向沉降见表 5-16。

10～100kg 块石铺设阶段竖向沉降 表 5-16

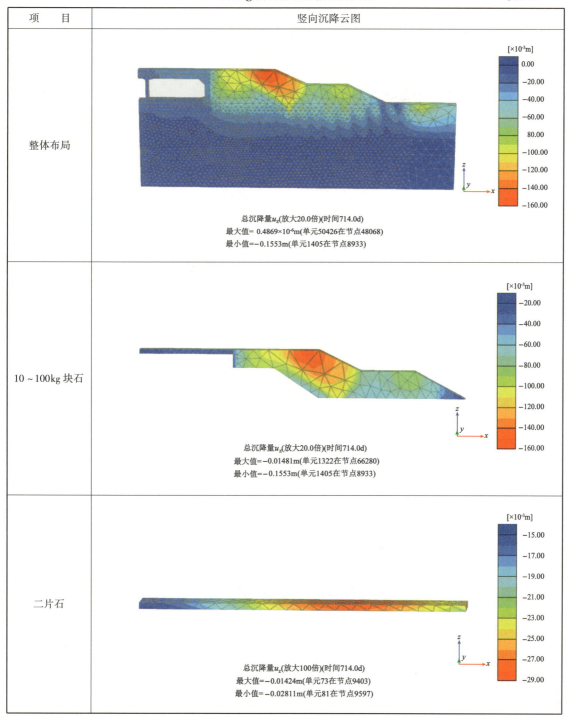

项　目	竖向沉降云图
整体布局	总沉降量 u_z(放大20.0倍)(时间714.0d) 最大值= 0.4869×10⁻⁶m(单元50426在节点48068) 最小值=−0.1553m(单元1405在节点8933)
10～100kg 块石	总沉降量 u_z(放大20.0倍)(时间714.0d) 最大值=−0.01481m(单元1322在节点66280) 最小值=−0.1553m(单元1405在节点8933)
二片石	总沉降量 u_z(放大100倍)(时间714.0d) 最大值=−0.01424m(单元73在节点9403) 最小值=−0.02811m(单元81在节点9597)

续上表

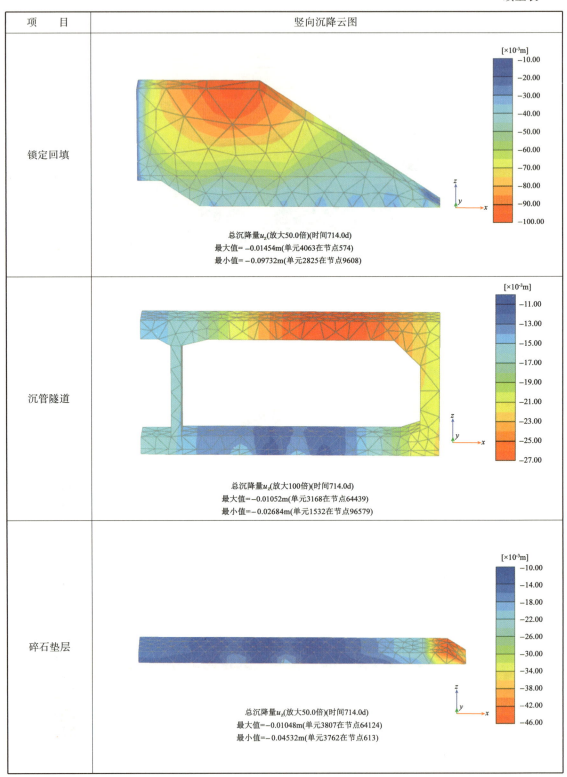

续上表

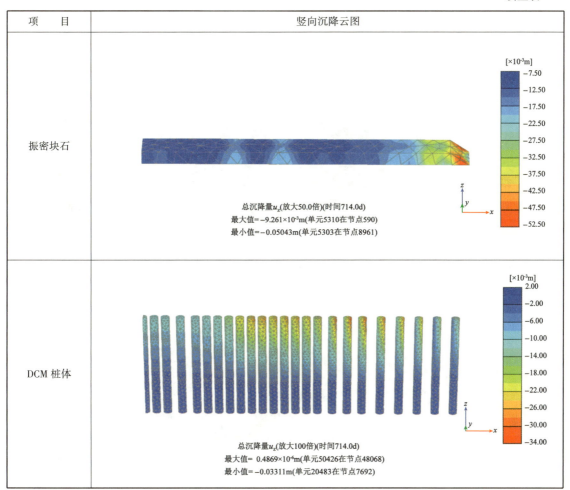

根据表 5-16 可以看出，10～100kg 块石铺设阶段各位置竖向沉降量及最大沉降位置，见表 5-17。

10～100kg 块石铺设阶段各位置沉降量及最大沉降位置　　　　表 5-17

项　目	沉降量（mm）	最大沉降位置
10～100kg 块石	155.3	块石右侧
管顶二片石铺设	28.1	二片石右侧
锁定回填	97.3	回填块石顶部
沉管隧道	26.8	沉管顶部
碎石垫层	45.3	垫层底部右侧，与锁定回填接触位置
振密块石	50.4	振密块石右侧，与锁定回填接触位置
DCM 桩体	33.1	10～100kg 块石底部

10~100kg 块石铺设阶段各位置竖向压应力见表 5-18。

10~100kg 块石铺设阶段各位置压应力 表 5-18

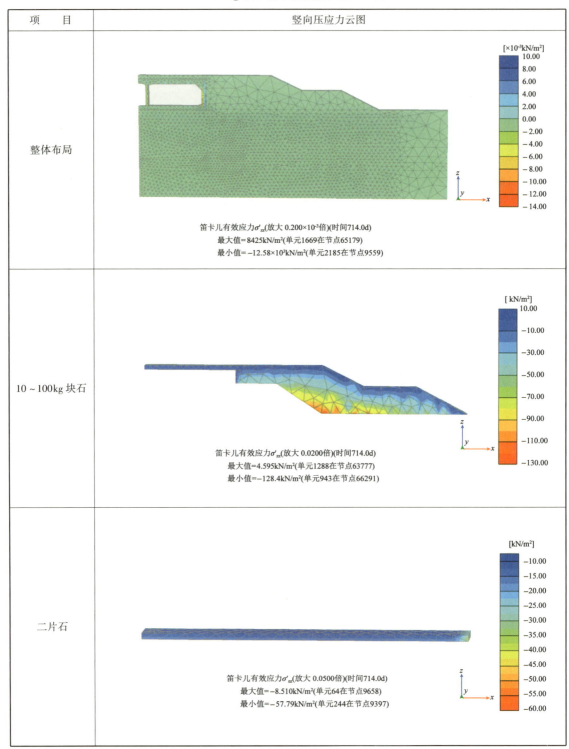

续上表

项 目	竖向压应力云图
锁定回填	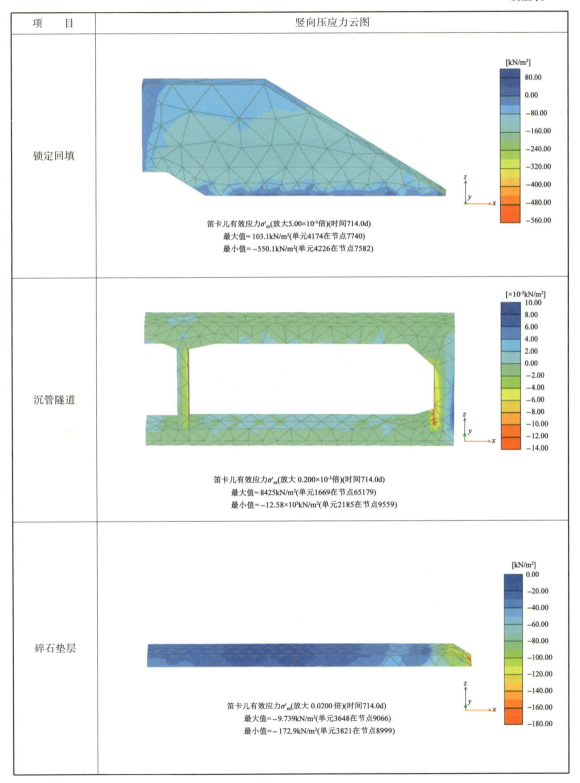
沉管隧道	
碎石垫层	

续上表

项　　目	竖向压应力云图
振密块石	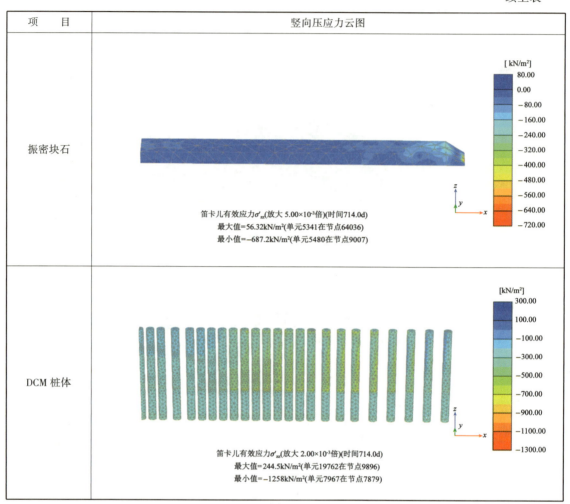
DCM 桩体	

根据表 5-18 可以看出,10～100kg 块石铺设阶段各位置竖向压应力值及最大竖向压应力位置,见表 5-19。

10～100kg 块石铺设阶段各位置竖向压应力值及最大竖向压应力位置　　表 5-19

项　　目	竖向压应力（kN/m^2）	最大竖向压应力位置
10～100kg 块石	128.4	块石左侧底部
管顶二片石	57.79	二片石右侧底部
锁定回填	550.1	锁定回填块石右侧下部
沉管隧道	12.58×10^3	沉管内侧底部
碎石垫层	172.9	垫层右侧,与锁定回填块石接触位置
振密块石	687.2	振密块石右侧,与锁定回填块石接触位置
DCM 桩体	1258	桩体中下部

5) 水箱拆除、压仓混凝土浇筑阶段竖向沉降与压应力

水箱拆除、压仓混凝土浇筑阶段竖向沉降见表5-20。

水箱拆除、压仓混凝土浇筑阶段竖向沉降　　　　表5-20

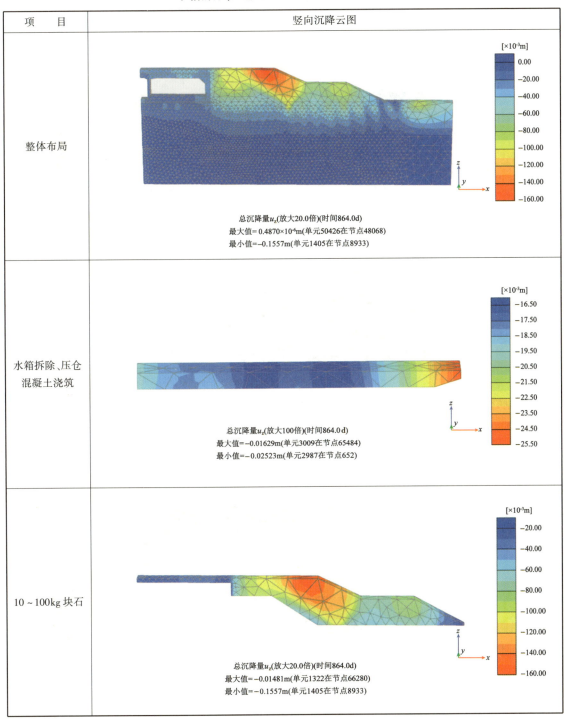

续上表

项 目	竖向沉降云图
二片石	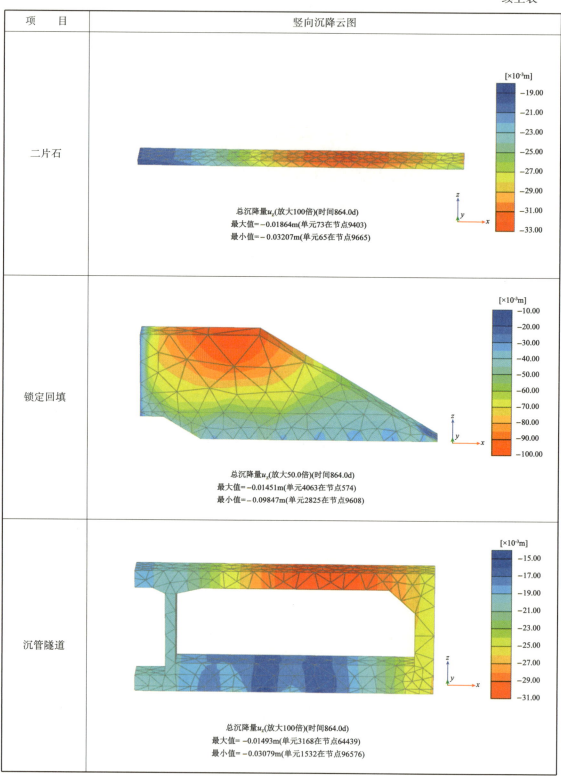
锁定回填	
沉管隧道	

续上表

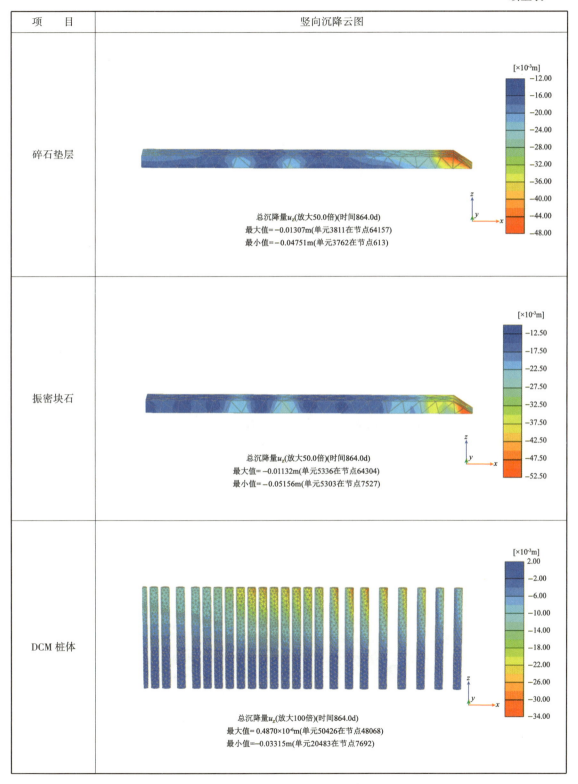

根据表5-21可以看出,水箱拆除、压仓混凝土浇筑阶段各位置竖向沉降量及最大沉降位置,见表5-21。

水箱拆除、压仓混凝土浇筑阶段各位置沉降量及最大沉降位置　　　表5-21

项　　目	沉降量(mm)	最大沉降位置
水箱拆除、压仓混凝土浇筑	25.2	压仓混凝土右侧
10～100kg块石	155.7	块石右侧
管顶二片石铺设	32.1	二片石右侧
锁定回填	98.5	回填块石顶部
沉管隧道	30.8	沉管顶部
碎石垫层	47.5	垫层底部右侧,与锁定回填接触位置
振密块石	51.6	振密块石右侧,与锁定回填接触位置
DCM桩体	33.2	10～100kg块石底部

水箱拆除、压仓混凝土浇筑阶段,各位置竖向压应力见表5-22。

水箱拆除、压仓混凝土浇筑阶段各位置竖向压应力计算结果　　　表5-22

项　　目	竖向压应力云图
整体布局	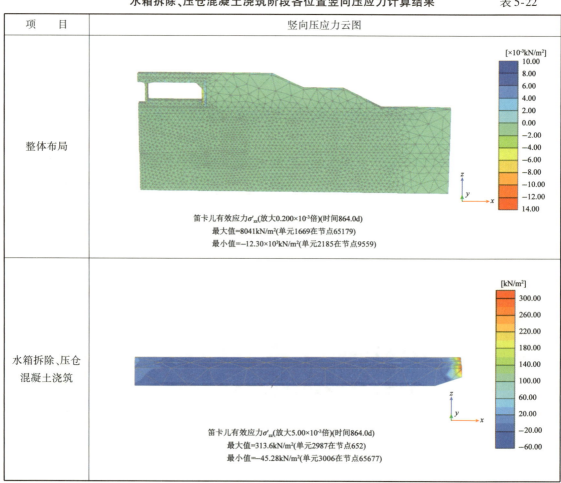 笛卡儿有效应力σ'_{zz}(放大0.200×10⁻³倍)(时间864.0d) 最大值=8041kN/m²(单元1669在节点65179) 最小值=−12.30×10³kN/m²(单元2185在节点9559)
水箱拆除、压仓混凝土浇筑	笛卡儿有效应力σ'_{zz}(放大5.00×10⁻³倍)(时间864.0d) 最大值=313.6kN/m²(单元2987在节点652) 最小值=−45.28kN/m²(单元3006在节点65677)

续上表

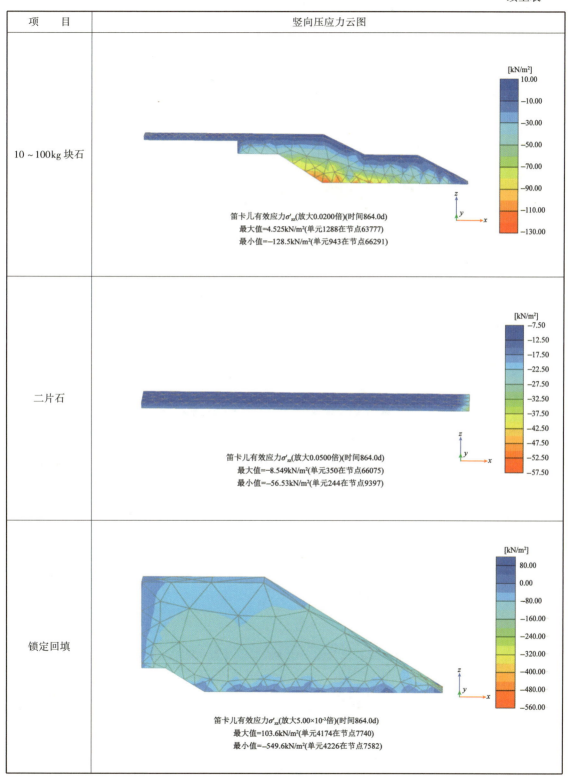

续上表

项　　目	竖向压应力云图
沉管隧道	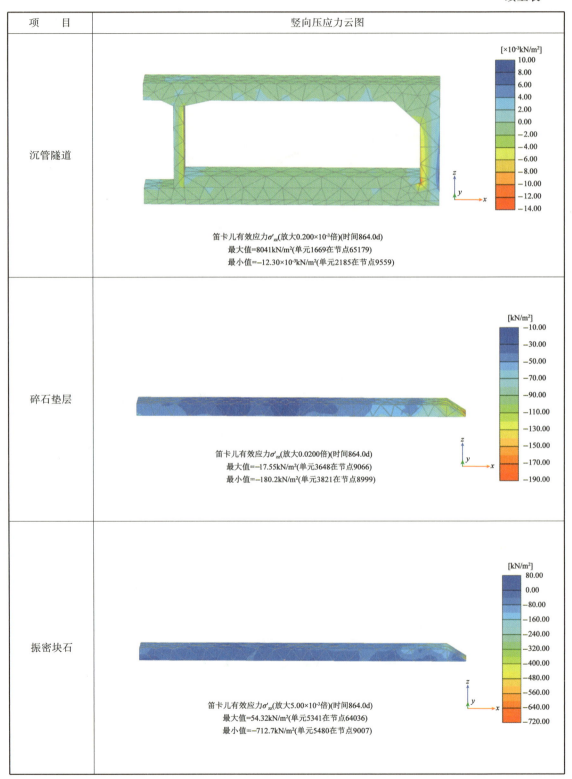 笛卡儿有效应力 σ'_{zz}(放大0.200×10⁻³倍)(时间864.0d) 最大值=8041kN/m²(单元1669在节点65179) 最小值=−12.30×10⁻³kN/m²(单元2185在节点9559)
碎石垫层	笛卡儿有效应力 σ'_{zz}(放大0.0200倍)(时间864.0d) 最大值=−17.55kN/m²(单元3648在节点9066) 最小值=−180.2kN/m²(单元3821在节点8999)
振密块石	笛卡儿有效应力 σ'_{zz}(放大5.00×10⁻³倍)(时间864.0d) 最大值=54.32kN/m²(单元5341在节点64036) 最小值=−712.7kN/m²(单元5480在节点9007)

续上表

项 目	竖向压应力云图
DCM 桩体	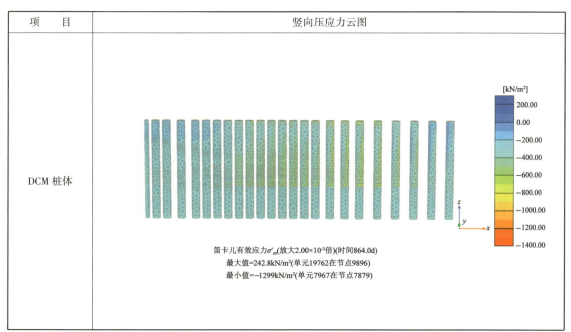 笛卡儿有效应力 σ'_{zz}(放大 2.00×10⁻³倍)(时间864.0d) 最大值=242.8kN/m²(单元19762在节点9896) 最小值=-1299kN/m²(单元7967在节点7879)

根据表 5-22 可以看出,水箱拆除、压仓混凝土浇筑阶段各位置竖向压应力值及最大竖向压应力位置,见表 5-23。

水箱拆除、压仓混凝土浇筑阶段各位置竖向压应力值及最大竖向压应力位置　　表 5-23

项 目	竖向压应力(kN/m²)	最大竖向压应力位置
水箱拆除、压仓混凝土浇筑	45.28	压仓混凝土底部右侧
10~100kg 块石	128.5	块石左侧底部
管顶二片石	56.53	二片石右侧底部
锁定回填	549.6	锁定回填块石右侧下部
沉管隧道	12.3×10^3	沉管内侧底部
碎石垫层	180.2	垫层右侧,与锁定回填块石接触位置
振密块石	712.7	振密块石右侧,与锁定回填块石接触位置
DCM 桩体	1299	桩体中下部

5.3.3　沉降监测数据与数值计算结果对比分析

使用 PLAXIS 3D 数值模拟软件,计算了自沉管下沉到压仓混凝土浇筑完成后的 E2-03-09 位置处沉降量随时间变化曲线,如图 5-7 所示。

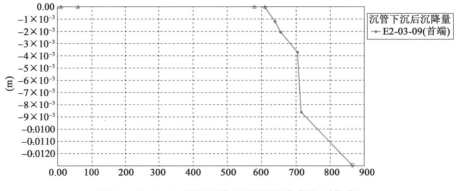

图 5-7　E2-03-09(首端)沉降量随时间变化曲线(计算值)

从图中可以看出,自沉管下沉(637d)到端封门拆除、压仓混凝土浇筑完成(864d),E2-03-09 测点的竖向沉降计算值为 13.0mm。

通过对比监测数据与数值分析数据,E2-03-09 监测点的沉降值在 11.43～12.80mm 之间波动,平均值为 12.12mm,而 E2-03-09 测点的竖向沉降计算值为 13.0mm,二者偏差为 6.77%,偏差很小,证明计算结果是合理可靠的。

另外,数值计算结果可靠源于 DCM 桩体、碎石垫层及振密块石等部位的弹性模量参数取值的精确性,上述计算结果也证明了本书中数值模拟确定碎石垫层、振密块石弹性模量和 DCM 桩体弹性模量取值经验公式的可靠性,建议在后续施工中进行推广应用,指导沉管施工。

第6章 DCM复合地基+块石振密+碎石垫层组合基础理论提升

6.1 DCM复合地基受力机理研究与提升

6.1.1 DCM桩成桩机理及对周围土体的影响研究

1) DCM成桩微观机理研究

《地基处理手册(第5版)》指出:深层搅拌加固的基本原理是基于水泥加固土(以下简称"水泥土")的物理化学反应过程,它与混凝土的硬化机理不同。混凝土的硬化主要是水泥在粗填充料(即比表面积不大、活性很弱的介质)中进行水解和水化作用,所以凝结速度较快。而在水泥土中,由于水泥的掺量很小(仅占被加固土重的7%~20%),水泥水解和水化反应完全是在有一定活性的介质——土的围绕下进行。土质条件对于加固土质量的影响主要有两个方面:一是土体的物理力学性质对水泥土搅拌均匀性的影响;二是土体的物理化学性质对水泥土强度增加的影响。水泥土硬化速度缓慢且作用复杂,其强度增长的过程比混凝土缓慢。

《建筑地基处理技术规范》(JGJ 79—2012)规定,水泥土搅拌桩适用于处理淤泥、淤泥质土、素填土、软~可塑黏性土、松散~中密粉细砂、稍密~中密粉土、松散~稍密中粗砂和砾砂、黄土等土层,不适用于含大孤石或障碍物较多且不易清除的杂填土、硬塑及坚硬的黏性土、密实的砂类土以及地下水渗流影响成桩质量的土层。水泥土搅拌法用于处理泥炭土、有机质含量较高或pH值小于4的酸性土、塑性指数大于25的黏土或在腐蚀性环境中以及无工程经验的地区采用水泥土搅拌法时,必须通过现场和室内试验确定其适用性。

DCM桩的适用地层与其成桩过程的微观作用机理密切相关。在这方面,国内外学者已开展了大量研究工作。

ToriiK,KawamuraM(1988)通过X射线衍射、扫描电镜观察,对水泥和石灰矿渣两种材料的深层搅拌法稳定化学土的强度、变形模量和脉冲速度等力学性能进行了比较,阐明了反应过程及其微观结构以及孔径分布。研究表明,水泥土强度的增长与水泥添加量正相关。此外,黏土的粒度、黏土矿物的种类以及含水比等对强度的表现有很大的影响。与未处理的土体相比,水泥土的破坏应变减小到1%左右。水化硅酸钙和钙矾石是主要的水泥水化产物,蒙脱石黏土与水泥的水化反应比高岭土黏土更强。该文引用寺师给出的变形模量E_{50}与无侧限抗压强度的关系约为$E_{50}=160-220q_u$。对水泥掺量30%的水泥土,7d、28d、90d 孔径分布都在逐步减少。含水率越小的土样,减少趋势越明显。

王清、董宏志等(2007)利用扫描电子显微镜(SEM)技术,从土体微观结构特征出发,基于室内加固土体的固结试验,对江门某公路段中高有机质水泥加固土体粒度成分、结构单元体成分、孔隙特征及结构特征进行了定量分析。对水泥掺入比15%的加固土样的7d和28d粒度成分进行了分析,发现试样水泥加固后,微观结构特征有所改变。养护28d试样的结晶要比7d的试样的结晶长且粗大。由于加固时的搅拌以及水泥结晶的作用,加固前试样的蜂窝状、絮凝状结构已不存在,加固后试样的结构以团聚状结构为主,孔隙明显变小,部分孔隙已被水泥结晶填充,且加固后试样中看不到有机质的存在。不同特性的软土经水泥加固后,其微观结构特征也有不同表现。土样的黏粒含量越大,有机质含量越高,越不利于结晶物质的形成,结晶越小而少,水泥加固土的结构越疏松。

Kitazumeand Terashi(2013)给出了不同黏合剂用量条件下不同土层类型的改良土的无侧限抗压强度的范围,并指出土的含水率对固化土的无侧抗压强度影响较大。土体含水率大于液限时,强度显著降低。

Samuel Jonah Abbey,Samson Ngambi(2015)指出温度和其他环境因素会影响改良土的强度。温度会影响土体与黏合剂之间的化学反应;土的细粒含量比黏粒含量对水泥土强度的影响更大;当腐殖酸含量达到5%左右时,强度降低到1/3左右,pH值越小,强度越低。

2) DCM成桩对周围土体影响研究

关于DCM成桩对周围土体的影响,沈水龙教授开展了大量的研究工作。沈水龙、许烨霜等(2006)认为,在深层搅拌桩的施工过程中,用旋转叶片搅拌化学固化剂和软黏土时,桩周围的土体受到两种力的作用:一是由化学固化剂的注入压力而引起的膨胀作用;二是由叶片旋转产生的剪切力引起的剪切作用。在这两种力的作用下,周围土体不断受到扰动,土中孔隙水压力增大,最终在桩周形成塑性区域。较高的超静孔隙水压及叶片的搅拌作用会使周围土体发生劈裂。搅拌桩施工时和周围土体的相互作用可以用受剪的孔穴扩张过程来模拟。基于此,提出了一种基于拉伸破坏原理的劈裂分析方法。研究结果显示:一方面,劈裂裂缝使得水泥浆体可以流入;另一方面,超静孔隙水压可以通过劈裂裂缝快速消散。两者的共同作用加快了受扰动的周围土体的强度恢复。

室内及现场测试结果显示,深层搅拌桩周围存在一个性质变化的区域,其范围约为桩边缘到一倍桩径处,被称为影响区域。在影响区域内,土的pH值与阳离子浓度增大,而土的含水率降低。试验结果还表明,对于高灵敏性的黏土,施工后搅拌桩周围土体的强度有所下降,但在短期养护后,强度恢复并在此后的一段时间内继续增加而超过它的初始强度。沈水龙、许烨霜等(2006)从理论与实践两方面论述了搅拌桩周围土体强度快速恢复的主要原因——周围土体的劈裂现象。

Shui-long Shen,Norihiko Miura等(2003)指出,黏土的劈裂是水泥搅拌桩周围黏土性质及强度增长的基本因素。劈裂的扩展范围取决于注浆的压力和黏土的强度。对日本有明黏土,压力劈裂范围为理论柱直径的 2~3 倍,这与有明黏土在实验室和现场调查确定的影响区范围一致(Miura 等,1998)。在 DCM 桩施工期间,周围黏土中的裂缝充满两种流体:注入泥浆和孔隙水,图 6-1 显示了这两种流体的渗透过程(Murdoch,1993)。首先,在注入压力和剪切力的作用下,泥浆被压入裂缝;然后,周围黏土中的孔隙压力上升,孔隙水在过量孔隙压力的驱动下渗透到裂缝中,这一过程加快了固结速度,裂缝为这两种流体提供了排水通道。因此,离子不仅可以从柱体扩散到土体中,还可从填充泥浆裂缝中扩散到土体中,化学反应的发生会缩短周围土体强度提高的时间。

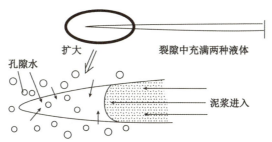

图 6-1 泥浆和孔隙水渗入裂缝(引自 Murdoch,1993)

梶原優一、日野剛德等(2010)报道了在日本开展的 DCM 施工对周围有明黏土化学成分影响的现场试验进展(图 6-2)。试验采用的 DCM 桩直径为 1.2m,正方形布置,置换率 30%,桩间距 1.95m。在 DCM 施工完成后 30d,在桩间土中取 9 个样,分别按照规范方法测定它们的物理力学指标和化学成分。

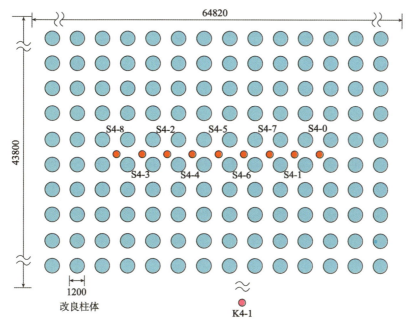

图 6-2 DCM 对周围土体影响的原位试验布置图(尺寸单位:mm)

图 6-3、图 6-4 的试验结果表明,DCM 周围土体的天然含水率 w_n、饱和密度 ρ_t、变形模量 E_{50} 等参数在施工前后变化不大,超固结比 OCR、压缩指数 C_c、无侧限抗压强度 q_u 这几个参数的

数值增大。表层淤泥质土中,化学成分除了 K^+ 离子、SO_4^{2-} 的含量增加外,其余离子的含量都较原状土有所减少,尤其是 Ca^{2+} 离子含量减少与常规认识不同。

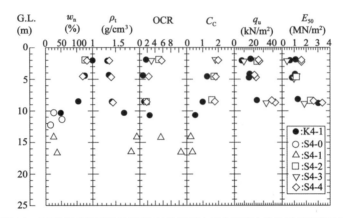

图 6-3　DCM 施工前后(时间相差 30d)周围土层中物理力学性质的变化对比

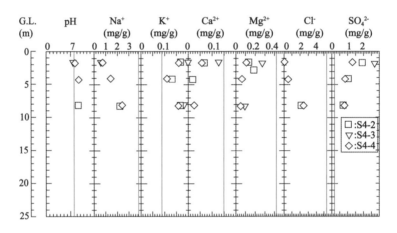

图 6-4　DCM 施工前后(时间相差 30d)周围土层中化学成分的变化对比

吉野洋一、岸本和重(2002)分析了日本关西机场二期护岸工程的 DCM 桩隆起问题。该工程的施工海域水深 −20m,冲积黏土层厚 25m,自然含水率在上部冲积层(GL-12m)为 80%~120%,下部冲积层(GL-25m)为 60%~80%,单轴压缩强度与深度 z 之间的关系为 $q_u = 4z\,(kPa)$。

DCM 工法的改良形式采用墙式和格子式(图 6-5),固化材料设计基准强度为 $q_{u91} = 4\mathrm{MPa}$。从保证改良体表层部强度、防止浮泥卷起的观点出发,在 DCM 施工之前,在原地盘上进行了铺砂($t = 1.0\mathrm{m}$)施工。相比于原状土,表层隆起土的强度会下降 30% 左右,为此,将表层水泥添加量增加 $30\mathrm{kg/m^3}$,为 $180\mathrm{kg/m^3}$,其余区段是 $150\mathrm{kg/m^3}$。

以往研究报道的 DCM 桩的隆起比例为注入浆液的 70%,从 DCM 底部按 40° 方向向上扩散,本项目的综合置换率为 67%。

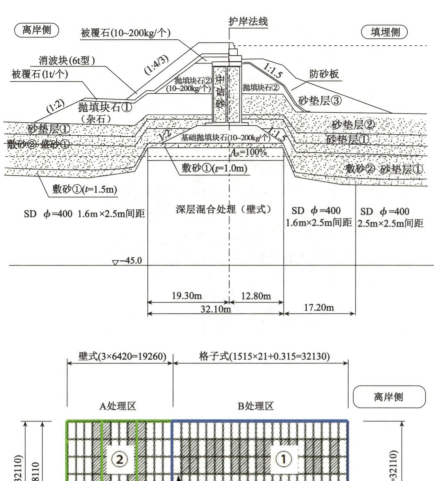

图6-5 平面图及施工顺序(综合置换率67%)(尺寸单位:mm)

如图6-6和表6-1所示,实测的隆起量在1.3~3.5m之间,平均隆起量2.52m,与70%水泥浆注入量计算得到的2.68m较为匹配。

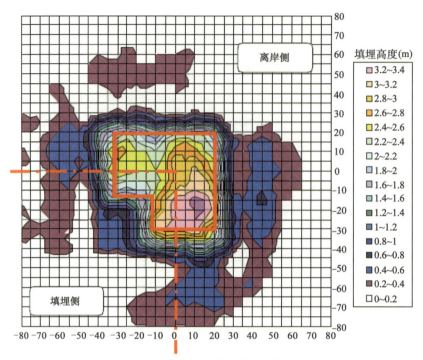

图 6-6 施工完成厚度的隆起量数值

各区域隆起量　　　　　　　　　　　　　　　　　表 6-1

改良地块		A	B	C	总体
施工顺序		②	①	③	
实测填充高度(m)	最大	2.7	3.5	3.4	3.5
	最小	1.3	1.5	1.7	1.3
	平均	2.2	2.6	2.8	2.52
计算填充高度(m)		2.65	2.67	2.7	2.68
注入泥浆体积(m³)		2335	3936	2375	8646
改良面积(m²)		616	1030	616	2262
填充率		0.58	0.68	0.73	0.66

日本《深层水泥搅拌桩设计施工指南》提供的案例为横滨大黑地区海上工程的案例,确定的计算公式为:隆起层厚(m^3) = 加固对象土量(m^3) × 注入的水泥浆量(m^3/m^3) × 加固区正上方隆起率/加固面积(m^2),其中加固区正上方隆起率≈0.7。同时该指南指出,伴随着DCM施工产生的原地基隆起的形状,因原地基性质、加固层厚度、加固率、施工顺序、上部的未加固层厚、周围有无已建结构物等条件而有很大差异。试验数据如图6-7所示。

在我国编制《水下深层水泥搅拌法加固软土地基技术规程》(JTJ 259—2004)的过程中,因缺乏相关的试验数据,采用了该指南第7.5.12条的规定,拌合体顶面隆起土的数量可按压入水泥浆量的70%进行估算。

沈水龙等(2005)在此方面开展了大量研究工作,他认为,桩周围的土体受到两种力的作用:一是由化学固化剂的注入压力而引起的膨胀作用;二是由叶片旋转产生的剪切力引起的剪切作用。这两种力的作用使桩的实际直径增大,同时周围土体不断受到挤压扰动,土中孔隙水压力增大,最终在桩周形成塑性区域,试验数据如图6-8所示。

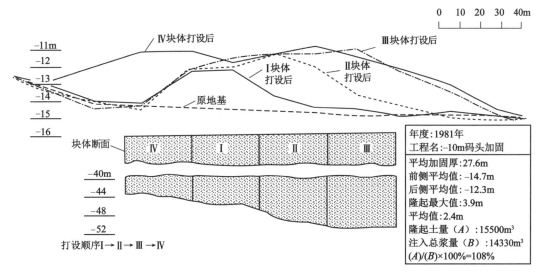

图6-7 横滨大黑地区的隆起测定(满堂加固模式)

注:本图为离块式加固体端部7.0m断面。

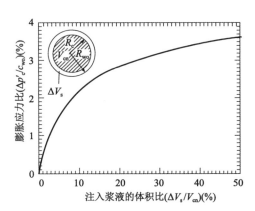

图6-8 有明黏土中浆液注入体积和膨胀应力的关系

ΔV_s-注入浆的体积;V_{cn}-柱体积;c_{wo}-原状土的不排水抗剪强度;$\Delta p'_c$-膨胀应力增量

桩膨胀主要是因为水泥浆液的注入,膨胀程度取决于注入水泥浆液的体积。真正膨胀部分的体积大约是注入体积的一半。也就是说,实际施工时,有较大部分的注入浆体通过上浮而发生体积损失。桩施工期间的体积损失比大约是50%。

针对搅拌桩施工会引起周围土体的位置度产生很高的超静孔隙水压力的工程现象,首先分析了搅拌桩施工中固化剂的注入体积与膨胀压力、成桩直径的关系。结果表明,5%~10%的注入浆液体积可以对周围土体产生1.8~3.0倍不排水抗剪强度的膨胀压力。成桩直径比搅拌叶片的名义直径大5%~10%。然后量测室内模型桩、现场搅拌桩的成桩直径,分析了注入浆液的体积与成桩直径的关系,结果表明,对于深度不太大的水泥土搅拌桩,有约 45% 的注入体积会通过上浮隆起的土体损失掉;大约 5% 的注入体积通过劈裂裂缝渗入周围土体中;大约 50% 的注入体积会转化为成桩直径,使桩体膨胀 5%~10%,即实测桩径比搅拌叶片的名义直径大 5%~10%。

现场试验中共有 8 根桩(B-5,B-1,B-6,C-1,A-1,A-4,A-2,A-6),桩的直径为 1.14m,按中心到中心距离为 1.5m 的三角形配置,桩长 7m。水泥搅拌桩由 SDM 机施工,固化剂为水灰比为 1.0 的水泥浆,水泥含量为 22%。置换率为 50%,向下施工速度为 0.7m/min,提升速度为 1.0m/min,搅拌时的旋转速度是 30r/min,注浆压力控制在 50~150kPa 之间。现场搅拌桩的施工参数、注入体积、浮土体积及实测桩径见表 6-2。

现场搅拌桩的施工参数、注入体积、浮土体积及实测桩径 表 6-2

水灰比	60%		80%		100%			
编号	B-5	B-6	B-1	C-5	A-1	A-4	A-2	A-6
注入浆液的体积 ΔV_1 (m³)	0.85	0.85	1.05	1.05	1.33	1.35	1.35	1.36
隆起的土体体积 ΔV_2 (m³)	0.40	0.40	0.45	0.70	0.60	0.60	0.50	0.60
膨胀体积 $\Delta V = \Delta V_1 - \Delta V_2$	0.45	0.45	0.60	0.35	0.73	0.75	0.85	0.76
$\Delta V_1/\Delta V$	6.30	6.30	8.40	2.04	10.20	10.50	11.90	10.60
R_1/R(计算)	1.03	1.03	1.04	1.01	1.05	1.05	1.06	1.05
D(实测)(m)	1.17	1.17	1.18	1.16	1.18	1.19	1.21	1.20
R_1/R(实测)	1.03	1.03	1.04	1.02	1.04	1.05	1.06	1.05

此外,沈水龙教授还提出了水泥搅拌桩桩直径增大的计算公式:

$$\frac{R_{sr}}{R_c} = \sqrt{1 + \alpha_v \frac{\Delta V_s}{V_{cn}}} \tag{6-1}$$

式中:R_{sr}——膨胀后桩的实际半径;

R_c——搅拌叶片的半径;

α_v——膨胀体积的体积参数,取 0.4~0.7,综合考虑了土体的隆起和水泥浆液向周围土体的渗透引起的体积下降;

ΔV_s——注入浆液的体积;

V_{cn}——用 R_c 计算得到的桩的体积。

3) DCM 桩体渗透性研究

DCM 桩体自身的渗透系数也是一项重要的研究内容。传统观点认为,DCM 渗透系数很小,不会对周围土体的固结或复合地基的长期沉降造成影响,但国内外学者的部分研究及试验给出了一些新的认识。

Lorenzo(2003)研究表明,曼谷黏土经水泥搅拌桩处理之后,桩周围土体的渗透系数比原曼谷黏土的渗透系数要大;处理后,曼谷黏土的渗透系数约为原曼谷黏土的20倍。且随着水泥掺量的增大,渗透系数呈现增大的趋势。曼谷黏土中水泥搅拌桩桩体渗透系数试验结果如图6-9所示。

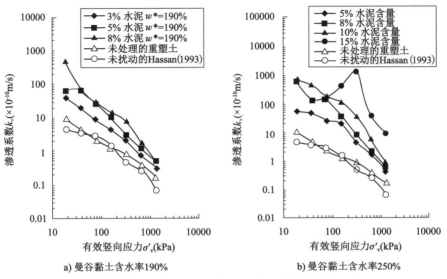

图6-9 曼谷黏土中水泥搅拌桩桩体渗透系数试验结果(Lorenzo,2003)

Zhen Fang(2006)通过对香港海相黏土的室内试验表明,DCM自身渗透系数的不同会对长期沉降产生影响。在相同荷载作用下,DCM渗透系数越大,相当于提供了竖向排水通道,因此,相同时间的固结沉降也越大。香港海相黏土不同DCM渗透系数对沉降的影响如图6-10所示。

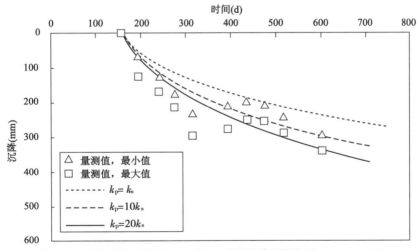

图6-10 香港海相黏土不同DCM渗透系数对沉降的影响(Zhen Fang,2006)
k_p-桩体渗透系数;k_s-桩间土体渗透系数

吴杰、刘福天等(2008)在开展上海地铁9号线二期3标土建工程源深路中间风井三轴搅拌桩水泥土墙芯样室内渗透系数测试时发现,对于黏性土,水泥土搅拌法对土体的抗渗性能并未起到改善作用(图6-11)。相反,与原状土相比,各层土渗透系数均有所增大。他们分析指出,无论是水平渗透系数还是垂直渗透系数都较原状土有不同程度的增大,特别是第④层淤泥质黏土增大幅度更加明显。对比结果表明,水平渗透系数的增大较垂直渗透系数的增加要明显。这种现象在国内其他工程中也曾出现过。结合取芯试桩参数及芯样描述,可推测:在黏土层范围内,抗渗性能无改善的原因是施工过程破坏了原状黏性土层致密结构,而由于土自身的黏性使得对该范围土层搅拌不均匀、不充分,出现局部浆液富集和黏土成块的现象,形成的水泥土固结体不如原状土结构致密,从而造成渗透系数的增大。分析认为,通过确保水泥用量、控制提升和进尺速度、喷浆后的搅拌次数、均匀喷浆等措施可减小渗透系数。

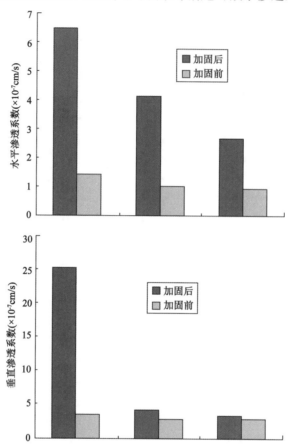

图 6-11 上海黏性土层 DCM 加固前后渗透系数的变化对比(吴杰,等,2008)

6.1.2 DCM 复合地基承载特征、沉降与长期强度变化

宋二祥、付浩等(2019)结合某填海工程,就深层搅拌桩复合地基数值分析模型及作用机理进行了研究。研究表明,对于带加筋垫层的复合地基,采用有限变形理论才能较好地反映水平加筋垫层的承载作用;对于施工周期较长的工程,有必要模拟其饱和软土的渗流固结过程,以正确计算桩土荷载分担及复合地基的变形;在桩与桩间土刚度相差悬殊的情况下,路堤的工后变形将高度依赖于其内所形成压力拱的长期稳定性,对运营寿命内发生差异沉降的风险需要引起重视。

Jinchun Chai、Sailesh Shrestha 等(2019)报道了日本佐贺一深层 DCM 桩改良软黏土地基上

的路堤在震后2个月(0.1g)、强降雨1d后渐进破坏的案例(图6-12~图6-14)。DCM桩长13m、桩径1.2m、桩间距1.93m,正方形布置,置换率30%,地层为粉质黏土。根据现场调查和数值模拟,DCM支撑的路堤,其破坏模式可能不仅是滑动破坏,而是某一根DCM桩由于桩体受弯(拉)破坏进而导致其他DCM桩逐步受弯破坏直至整个路堤体系渐进式滑动坍塌破坏的过程。然而,在日本目前的设计过程中,没有要求复核DCM桩的受弯极限承载力。此外,还发现日本采用的有限数量的全芯钻孔检查不能保证所有已施工DCM桩的质量,迫切需要发展一种更稳健的现场质量控制技术。研究还发现,对于安全系数较低的路堤系统,发生相对较大的变形可能会导致路堤出现裂缝,在裂缝位置,抗剪强度会降至零。在变形和稳定性分析中必须考虑这一现象。最后,数值计算结果表明,在软黏土地基上加筋路堤边坡的设计中,既要考虑加筋边坡本身的稳定性,又要考虑路堤与软黏土地基的相互作用。

图6-12 路堤破坏的照片

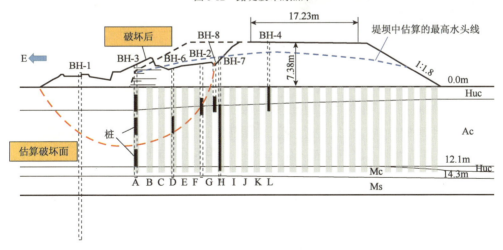

图6-13 破坏后的断面及可能的破坏面

该文同时指出,对于 DCM 桩的渗透性,既往文献中的结果表明,DCM 桩的渗透性可以大于、等于或小于原始土层的渗透性(Lorenzo and Bergado 2003,2006;Nguyen and Chai,2015)。对于水泥处理的 Ariake 黏土,在相同孔隙比条件下,随着抗压强度的增加,处理土的渗透性显著降低(Nguyen 和 Chai,2015),其机理是水泥引起的火山灰反应产物进入土的内部团聚体孔隙,使孔隙尺寸减小。利用该项目钻孔取芯样测得的 DCM 桩孔隙比与原状土基本相同。因此,DCM 柱水平和垂直方向的渗透系数(k_h 和 k_v)设为周围粉质黏土渗透系数的 1/5。

该文献最后指出,日本佐贺县决定在该场地继续使用 DCM 桩进行加固。由于已经有破碎的 DCM 柱,在施工新的 DCM 桩之前必须将其搅碎,因此,选择了 EPO 柱法(EPO column method Association1990;Suzukitel,2010)。EPO 柱法是使用强力切割机,在建造 DCM 柱之前,粉碎地面上的大石头和其他硬物质。用 EPO 柱法构建的 DCM 柱在破坏截面处的直径为 1.6m,相邻柱间的直径为 2.5m,呈正方形变化,柱长与原设计值 13.0m 相同。为保证达到 q_u 的设计值,采用水泥土稳定剂(东京太和水泥),每立方米软土中稳定剂用量增加到 150kg,采用 100% 的稳定剂/水比。总共制作了 3 个现场试验柱,28d 后,在这 3 个试验柱上进行了岩芯钻孔。图 6-15 示出了从测试柱检索的样品的 q_u 值,可以看到,几乎所有样品的 q_u 值都大于 600kPa。随后,进行了野外恢复建设。路堤重建于 2018 年完成,未出现任何稳定性或过度变形问题。

图 6-14 日本佐贺某路堤 DCM 破坏后的情况

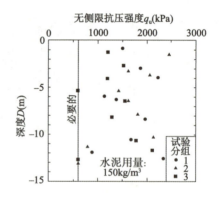

图 6-15 重新施工 DCM 后桩身无侧限抗压强度分布

Hiiiri HASHIMOTO,Takahiro YAMANASHI 等(2018)报道了水泥土搅拌桩长期强度特征的 30 年观测。他们指出,随着时间的推移,深层搅拌法(干喷法)处理水泥土的强度不断提高。对施工 30 年后的 DCM 水泥土进行了无侧限压缩试验、针入度试验和 pH 值试验,报告了水泥土的长期强度特性和水泥土表面的劣化状况,如图 6-16~图 6-18 所示。

调查结论显示:改良体的物理特性在时间上几乎没有变化,但是改良体中心部的强度在施工 30 年后仍有增加倾向。试验的结果表明,除去改良体周围 30mm 左右的范围外,强度从改良体中心部向改良体周边呈增加趋势。另外,改良体周边强度有所降低,但周边穿透 5mm 的位置的推测强度大大超过了设计基准强度。

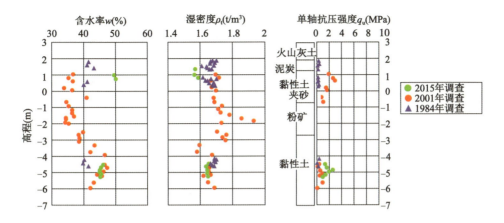

图 6-16　DJM 物理或力学特征对比（不同时间）

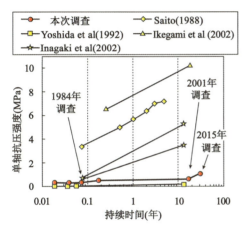

图 6-17　DCM 桩强度随时间变化规律

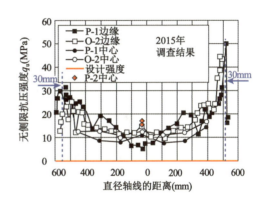

图 6-18　DCM 断面内的强度分布

D. T. BERGADOD,C. TAECHAKUMTHORN 等（2006）通过在不同应力比（n）下进行恒应力比（CSR）试验,研究了高含水率水泥处理的曼谷软黏土的压缩特性。试验使用水泥含量（A）分别为 10% 和 15% 的水泥处理黏土试样,每个试样都与 100% 和 130% 的总黏土含水率结合在一起。试验结果证实,养护后空隙率与水泥掺量之比（e/A）能有效地表征水泥土的压缩特性。在相同应力比下,e/A 值越大的试件,其体积应变和剪切应变越大；而 e/A 值较低的材料在过渡屈服点前后的剪切应变较低,应变增量比（d_e/d_e）较大。值得注意的是,e/A 比值描述了不同应力比和混合条件下水泥处理黏土的压缩屈服轨迹的关系。Pei-Chen Wu,Wei-Qiang Feng 等（2019）以香港国际机场的第三跑道受污染海相黏土地层上的 DCM 复合地基为例,通过有限元蠕变模型,对软土地基沉降的影响及荷载传递机理进行了研究。在荷载转移区域（LTP 区域）,典型柱直径为 2.3m,间距 4.8m,面积置换率为 23%；在 LTP 区域外,DCM 置换率在 30% ~ 40% 之间。DCM 的长度通常为 6 ~ 25m。通过对比有无蠕变的不同模型,发现

DCM 桩的面积置换率与杨氏模量对复合地基的长期性能有较大影响。主要结论如下：

（1）DCM 桩具有良好的沉降控制效果，将荷载从软土转移到 DCM 桩上。荷载转移会导致软黏土上的卸载，从而导致 DCM 桩上的应力集中，使软黏土变成蠕变应变率较小的超固结土状态。

（2）软土和桩所承受的应力及二者的沉降随着面积置换率的增大均会减小。

（3）在面积置换率较高时（本研究中大于30%），软土蠕变效应对荷载传递的影响可以大幅降低。

（4）作用在软土上的应力随着 DCM 桩杨氏模量的增大而减小，而桩所承受的应力随着 DCM 桩杨氏模量的增大而增大（图6-19）。随着桩的杨氏模量的增大，软土和桩上的沉降逐渐减小（图6-20）。

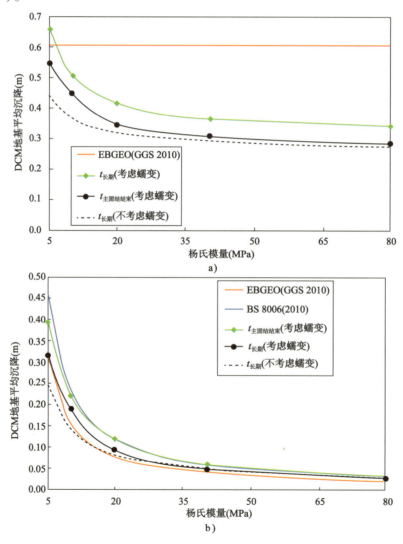

图6-19 DCM 桩杨氏模量的变化对软土及 DCM 桩沉降的影响

（香港机场第三跑道，置换率23%）

(5) DCM 桩的黏聚力和摩擦角对复合地基的性能影响不大,这主要是因为桩的受力仍在弹性范围内。

(6) 土工合成材料加筋的张拉效应随加筋刚度的增大而增大。

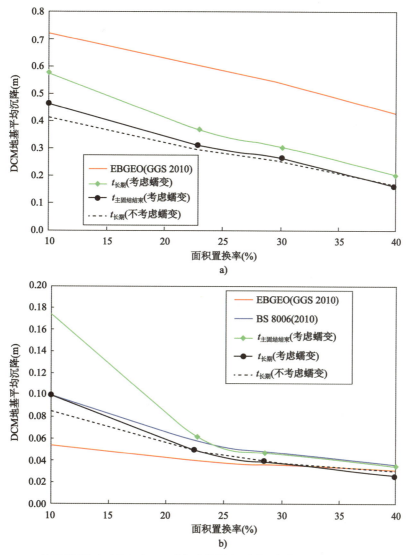

图 6-20 DCM 桩面积置换率对软土及 DCM 桩沉降的影响(香港机场第三跑道,DCM 杨氏模量 50MPa)

BinhT. T. Nguyen,TomohideTakeyama 等(2014)针对 DCM 桩在荷载作用下的个别破坏问题,提出了一种通过大面积浅层搅拌层来提高整体稳定性的加固思路(图 6-21),以提高 DCM 桩加固区的稳定性和承载能力。该思路主要研究路堤下浅层混合层 DCM 桩群的破坏模式,通过对单桩破坏机理的比较,探讨了浅层搅拌对深层搅拌桩破坏形态的影响。在平面应变条件下,用 PLAXIS 程序进行了有限元分析,主要结论如下:

(1) 没有浅层的混合层,滑移不是 DCM 桩变形的主要机制。低强度 DCM 桩以弯曲破坏模式为主要的内部破坏机制。在高强度 DCM 桩中,倾斜模式是桩变形的主要机制。

(2)当采用浅层混合层时,破坏模式为低强度桩的内部破坏;当增加浅层混合层厚度时,桩在连接处发生弯曲破坏。在外部破坏方面,当浅层土厚度增加时,无浅层混合层的倾斜破坏被滑动模式所代替。

(3)浅层混合层对水平位移和屈服时的路堤压力有显著影响,特别是对高强度DCM桩。

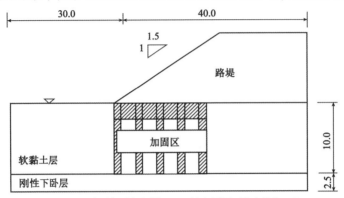

图6-21　浅层加强加固的DCM桩布置图(尺寸单位:m)

MASAKI KITAZUMED,KENJI MARUYAMA(2006)论证了模拟适当的破坏模式对准确评价DCM外部稳定的重要性,指出日本目前DCM群桩地基设计方法假定了两种破坏模式:外部稳定性中的滑动破坏(图6-22)和内部稳定性中的断裂破坏(图6-23)。通过离心模型试验研究了改进后的复合地基的内部稳定性,发现DCM桩的破坏形式有剪切破坏、弯曲破坏和拉伸破坏,这不仅取决于地基和荷载条件,还取决于各柱的位置。然而,目前的设计并未考虑这些失效模式的影响,而只考虑了剪切失效模式的影响。考虑外部稳定性时,DCM桩会倾斜,发生类似多米诺骨牌式的坍塌破坏模式(图6-24),而不是滑动破坏。目前的设计方法,不考虑这种失效模式可能高估了外部稳定性。他们采用离心模型试验和弹塑性有限元分析相结合的方法,研究了群桩DCM改良地基在路堤荷载作用下的外部稳定性,主要结论如下:

(1)面积置换率的增大会减小作用在桩身的弯矩,提高内部稳定性,但对外部稳定性的提高帮助不大。

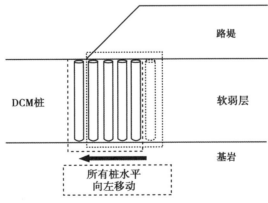

图6-22　日本现有规范中假定的破坏模式——外部稳定性(滑动破坏)

(2)桩基直径的增大,能影响外部稳定性,适当搭接能增大外部稳定性。

(3)对于正常固结土或上软下硬的土层上的填土路堤,不会出现滑动破坏。在底部存在软弱下卧层及 DCM 桩较短时,才会发生滑动破坏。

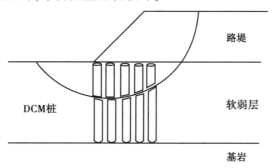

图 6-23 日本现有规范中假定的破坏模式——内部稳定性(断裂破坏)

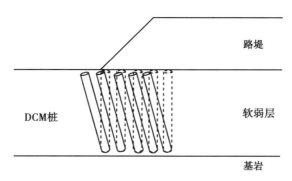

图 6-24 DCM 改良地基的坍塌破坏模式(桩体倾斜类似多米诺骨牌)

VanImpe 等(2006)研究了不同胶凝材料对 DCM 强度的影响,发现普通硅酸盐水泥的屈服应变小于矿渣硅酸盐水泥的屈服应变(图 6-25)。

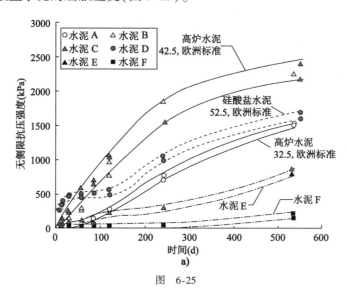

图 6-25

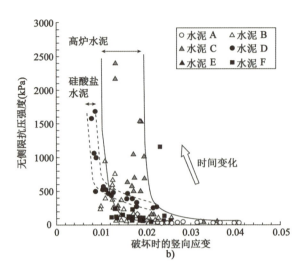

图 6-25 不同时间点试样破坏时的应力应变关系(VanImpe 等,2006)

6.1.3 基槽开挖及块石垫层振密对 DCM 桩体损伤影响

深中通道沉管隧道 DCM 桩施工在基槽开挖之前进行,DCM 桩施工完成后 60~360d 要进行基槽开挖。采用斗容 30m³ 的抓斗式挖泥船如图 6-26 所示。在抓斗的底部装有适应不同土质(淤泥、黏土、砂层等)的斗齿,既要拥有破土能力,又要避免出现明显的斗齿沟。

图 6-26 抓斗式挖泥船及斗齿示意图

在液压抓斗挖掘的过程中,避免不了要对表层的 DCM 产生扰动和损伤。但这个扰动和损伤对 DCM 桩本身有多大影响,缺少相关研究的报道。

吴迪(2013)以疏浚抓斗为研究对象,以陆上散货抓斗为参照,对抓斗颚瓣进行结构设计和实体建模,如图 6-27 所示;分析抓斗颚瓣挖掘过程中的受力情况,根据经验公式,计算所设计抓斗各个阻力随挖掘深度的变化情况;在 ANSYS/ALS-DYNA 软件中建立系统的有限元模型,对抓斗颚瓣施加绕铰接点旋转的角速度,递交 LS-DYNA 进行计算,在 LS-PREPOST 后处理软件中进行可视化后处理,得到二者的等效应力分布、接触力、能耗等情况。

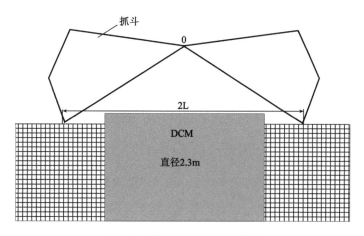

图 6-27 抓斗开挖 DCM 桩示意图

梁邦炎(2018)采用显式动力学软件 ANSYS/LS-DYNA,按流固耦合理论,考虑浮力、绕流阻力等因素对有效夯击能的影响,建立了重锤水中下落过程有效夯击能数值分析模型。采用离散元颗粒流模拟软件 PFC2D 对重锤夯击动态过程进行分析,建立了重锤夯实抛石全过程分析的数值模型,探讨了基床厚度、落距、锤重和夯击遍数对重锤有效加固深度的影响规律。基于缩尺试验结果,验证了重锤水中运动经验理论计算公式的合理性并对比修正了绕流阻力系数取值范围,建立了重锤夯击过程的冲击应力平均值和峰值计算公式,验证了重锤夯击应力传递符合 Kogler 经验公式。根据缩尺模型试验和现场试验结果,修正和完善了数值分析模型,提出了单位面积夯击能、冲击应力、抛石底部附加应力计算关系式,建立了基于应力控制标准的锤夯参数推导模型,形成了适应大水深、厚抛石基床作业的大分层重锤夯实成套工艺技术。

6.2 DCM 复合地基设计计算方法的理论提升

6.2.1 DCM 复合地基承载力与沉降计算方法

1)DCM 复合地基承载力

DCM 的单桩竖向承载力特征值 R_a 可按下式计算,取其中较小值:

$$\begin{cases} R_a = \eta f_{cu} A_p \\ R_a = u_p \sum_{i=1}^{n} q_{si} l_i + q_p A_p \end{cases} \quad (6\text{-}2)$$

式中:f_{cu}——与桩身水泥土配比相同的室内加固土试块(边长为 70.7mm 的立方体)在标准养护条件下 60d 龄期的立方体抗压强度平均值(kPa);

η——桩身强度折减系数,高压旋喷桩取 0.33,水泥土搅拌桩取 0.29;

n——桩长范围内所划分土层数;

l_i——桩周第 i 层土的厚度;

q_{si}——桩周第 i 层土的侧阻力特征值(kPa);

q_p——桩端地基土未经修正的承载力特征值(kPa);

A_p——桩身截面积(m^2);

u_p——桩身周长(m)。

深层水泥土搅拌桩和高压旋喷桩复合地基承载力特征值按下式计算:

$$f_{spk} = \lambda \cdot m \frac{R_a}{A_p} + \beta(1 - m)f_{sk} \tag{6-3}$$

式中:β——桩间土承载力折减系数,$\beta = 0.1 \sim 0.4$(岛内取 0.25,岛外 E1~E2 取 0.1,E3~E5 取 0.2);

m——面积置换率;

λ——单桩承载力发挥系数,取 1.0;

R_a——单桩竖向承载力特征值;

f_{sk}——处理后桩间土承载力特征值(kPa),取天然地基承载力,对西岛堆载预压后的地基取 140kPa,对岛外 E1~E2 管节取 35kPa,E3~E5 管节取 60kPa;

f_{spk}——复合地基承载力特征值(kPa)。

2) DCM 复合地基沉降

对桩端持力层较好的刚性桩复合地基,采用简单线性共同作用方法,计算桩的沉降,将沉降作为加固区沉降,计算原理如图 6-28 所示。

$$\begin{cases} S = S_c + S_p + S_b + S_s \\ S_c = \dfrac{h_{c1}p_{pa}}{E_{c1}} + \dfrac{h_{c2}p_{pa}}{E_{c2}} \\ S_p = \dfrac{p_{pa} + p_{pb}}{2} \times \dfrac{h_p}{E_p} \end{cases}$$

$$S_b = 0.88 \frac{(1 - v^2)D_p p_{pb}}{E_b}$$

$$S_s = \sum_{i=1}^{n} \frac{\Delta p_i \Delta h_i}{E_{bi}} \tag{6-4}$$

$$p_{pa} = \frac{np}{1 + m(n - 1)} \tag{6-5}$$

$$E_p = 100q_t = 100 \times [q_{60} + 1.648(\lg T - \lg 60)] \tag{6-6}$$

式中:S_c——垫层压缩沉降(m);

S_p——桩身压缩(m);

S_b——桩端刺入长度(m);

S_s——下卧层沉降(m);

h_{c1}——碎石层厚度(m);

h_{c2}——块石层厚度(m);
E_{c1}——碎石压缩模量(m);
E_{c2}——块石压缩模量(MPa);
p——沉管隧道底平均荷载(kPa);
p_{pa}——桩顶附加荷载(kPa);
p_{pb}——桩底附加荷载(kPa);
D_p——DCM 桩桩径(m);
E_p——下卧层压缩模量(MPa);
v——泊松比;
m——置换率;
n——孔隙比。

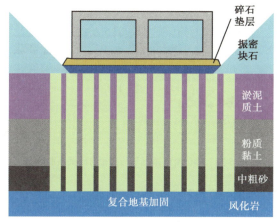

图 6-28　DCM 复合地基沉降计算原理图

6.2.2　块石振密层沉降计算方法

通过建立振动压实系统-块石层"质量-弹簧-阻尼"模型,可获得单位时间内振动压实系统对块石层所做的功。

振动压实系统-块石层"质量-弹簧-阻尼"模型实物图及原理图如图 6-29 所示。

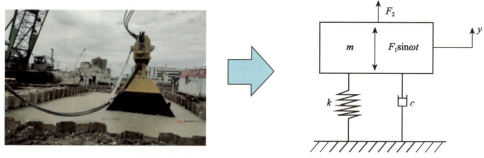

图 6-29　振动压实系统-块石层"质量-弹簧-阻尼"模型实物及原理图

$$m y'' + (c_1 + c_2) y' + ky = F_2 - W + F_1 \sin\omega t \tag{6-7}$$

$$y = Q + A\sin(\omega t + \varphi) \tag{6-8}$$

$$A = \frac{F_1}{k\cos\varphi - m\omega^2\cos\varphi - (c_1 + c_2)\omega\sin\varphi} \tag{6-9}$$

$$\varphi = \arctan\frac{(c_1 + c_2)\omega}{m\omega^2 - k} \tag{6-10}$$

$$Q = \frac{F_2 - W}{k} \tag{6-11}$$

在单位时间振沉量呈现幂指数衰减的假定下,可用三个参数将单位时间振沉量和累积振沉量回归出来。单位时间振沉量与振密时间关系曲线如图6-30所示。

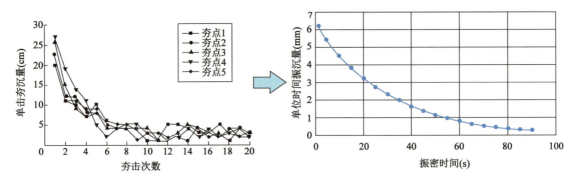

图6-30 单位时间振沉量与振密时间关系曲线

单位时间(1s)振沉量回归公式如下:

$$y(t) = \alpha \mathrm{e}^{-t/\beta} + \delta \tag{6-12}$$

t 时刻累积振沉量回归公式如下:

$$S(t) = \alpha\beta(1 - \mathrm{e}^{-t/\beta}) + \delta t \tag{6-13}$$

式中:α、β、δ——无量纲系数。

根据上述理论,进一步建立了适用于深中通道沉管隧道的块石层单位时间振沉量、累积振沉量和变形模量的经验公式。

单位时间(1s)振沉量回归公式如下:

$$y(t) = \frac{F}{F_0}\frac{H}{H_0}6.4\mathrm{e}^{-t/29} \tag{6-14}$$

其中,基准激振力 $F_0 = 150\mathrm{kN/m^2}$,基准块石厚 $H_0 = 1200\mathrm{mm}$。

t 时刻的累计振沉量回归公式如下:

$$S(t) = \frac{F}{F_0}\frac{H}{H_0}185(1 - \mathrm{e}^{-t/29}) \tag{6-15}$$

t 时刻的块石层变形模量计算公式如下：

$$E_0(t) = F_0 \frac{H_0}{H} \frac{500k\,I_\mathrm{D}(1-v^2)}{6.4\,\mathrm{e}^{-t/29}} \sqrt{BL} \tag{6-16}$$

式中，修正系数 $k=0.236$；加载板形状系数 $I_\mathrm{D}=0.88$；块石层的泊松比 $v=0.2$；L 为加载板长度(m)；B 为加载板宽度(m)；H 为块石厚度(m)。

理论计算值与实测值对比结果见表 6-3。

理论计算值与实测值对比结果（振沉量和变形模量）　　表 6-3

振密时间 (s)	实测累计振沉量 (mm)	计算累积振沉量 (mm)	误差 (%)	实测变形模量 (MPa)	计算变形模量 (MPa)	误差 (%)
20	92	92.17	0.18	18.40	20.83	13
30	119	119.25	0.21	34.76	29.40	15
45	138	145.80	5.65	50.20	49.31	1.8

建立了适用于深中通道和港珠澳沉管隧道的块石层单位时间振沉量、累积振沉量和变形模量的经验公式，模型试验和现场实测应用准确性较好。

6.2.3　含淤碎石垫层沉降计算方法

沉管隧道的回淤问题，一直是影响沉管隧道基础施工及管节沉放的关键问题之一。港珠澳大桥曾开展了系统研究工作，深中通道也开展了试挖槽观测工作。

中交第一航务工程局有限公司在港珠澳大桥沉管隧道施工过程中发现，碎石垫层的纳淤能力可达到 20cm 以上，并通过深中通道的试挖槽试验进一步验证了该结论。因此，在碎石垫层铺设后、管节沉放前的这段时间内，碎石垫层的孔隙中是能够容纳回淤物的。关于容纳的回淤物对碎石垫层的变形模量有什么影响，国内外以往没有人研究过。不同回淤物的密度，影响可能也不相同，不同的回淤强度与回淤时间的影响也不相同。国内外现有文献资料中有少量的关于回淤对沉管垫层影响的研究，如魏纲（2016）考虑回淤的沉管隧道基础层压缩模型试验研究，主要针对砂垫层的回淤影响进行试验，在对级配碎石垫层的模量影响的研究方面仍是空白。

因此，本书拟结合现场回淤观测试验结论开展部分室内模型试验，结合理论分析推导，给出回淤纳淤厚度、回淤密度对碎石垫层变形模量的影响，并提出相应的垫层沉降计算方法。

由于 Janbu 理论能较好地反映碎石垫层的压密特性，采用统一的形式，可反映加载及卸载再加载特性，比较适用于考虑沉管隧道碎石垫层落管预压应力历史的影响。Janbu 切线模量示意图如图 6-31 所示。

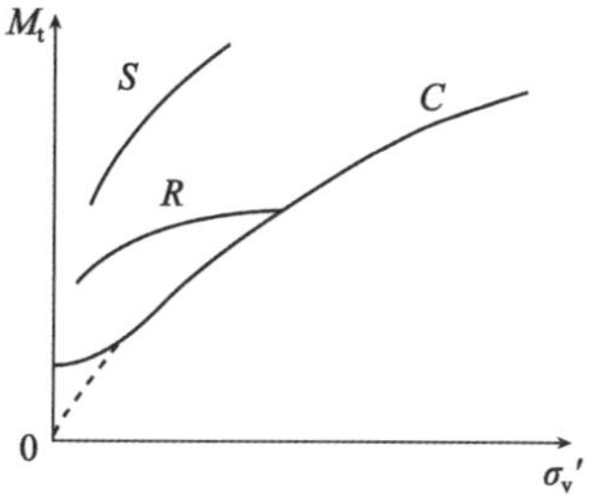

图 6-31　Janbu 切线模量示意图
C-原始压缩；S-回弹；R-再压缩

Janbu 通过整理分析各种固结仪中主应力为常数的试验资料,提出了广义正切模量 M_t 与竖向有效应力 σ'_v 及竖向应变 ε 的关系为:

$$M_t = \frac{\partial \sigma'_v}{\partial \varepsilon} = m \cdot \sigma_r \cdot \left(\frac{\sigma'_v}{\sigma_r}\right)^{1-j} \quad (6\text{-}17)$$

式中:M_t——切线模量;

σ'_v——竖向有效应力;

ε——竖向应变;

σ_r——参考应力,一般取 100kPa;

m——反映土体刚度的模量数;

j——反映土体非线性特征(碎石垫层压密效应)的应力指数。

上式可改写成应变表达式为:

$$d\varepsilon = \frac{1}{m \cdot \sigma_r^j} \cdot (\sigma'_v)^{j-1} d\sigma'_v \quad (6\text{-}18)$$

当竖向应力小于或等于前期固结压力,即 $\sigma'_v \leq \sigma_{pc}$ 时,式中的 m 和 j 值分别代表回弹再压缩模量数 m_r 和回弹再压缩应力指数 j_r。假定深度 z 处单元体的有效自重应力为 σ_0,自重应力+附加应力为 σ_1,前期固结压力为 σ_{pc},针对不同的土体类型和应力状态,求得每层土的沉降,将各层土的沉降加合获得总沉降。可分别对式(6-18)积分获得竖向应变计算公式,见表 6-4。获得应变之后,可根据积分层的厚度按式(6-19)积分获得沉降。

$$s = \int_{z_1}^{z_2} \varepsilon \cdot dz \quad (6\text{-}19)$$

几类土不同应力状态下竖向应变计算公式 表 6-4

土 类	j 与 j_r	应 力 状 态	竖向应变计算公式
砂土 碎石垫层 岩石	$j > 0$ $j_r > 0$	$\sigma_1 \leq \sigma_{pc}$	$\varepsilon = \frac{1}{m_r j_r}\left[\left(\frac{\sigma_1}{\sigma_r}\right)^{j_r} - \left(\frac{\sigma_0}{\sigma_r}\right)^{j_r}\right]$
		$\sigma_0 < \sigma_{pc} < \sigma_1$	$\varepsilon = \frac{1}{m_r j_r}\left[\left(\frac{\sigma_{pc}}{\sigma_r}\right)^{j_r} - \left(\frac{\sigma_0}{\sigma_r}\right)^{j_r}\right] + \frac{1}{mj}\left[\left(\frac{\sigma_1}{\sigma_r}\right)^j - \left(\frac{\sigma_{pc}}{\sigma_r}\right)^j\right]$
		$\sigma_{pc} \leq \sigma_0$	$\varepsilon = \frac{1}{mj}\left[\left(\frac{\sigma_1}{\sigma_r}\right)^j - \left(\frac{\sigma_0}{\sigma_r}\right)^j\right]$

以碎石垫层第一次压载试验为例,在模型试验中,施加 15kPa 和 30kPa 两级荷载,根据这两级荷载-沉降曲线,可以获得 m 和 j 的取值。

通过模型试验的反演分析表明,考虑回淤影响的碎石垫层的应变计算公式中,j 的取值相对稳定,变化不大,因此,回淤的影响主要是减小模量数 m。

由于回淤物主要填充的是孔隙,因此,模量数 m 的减少和回淤密度 ρ_s 与碎石的孔隙率 n 有关系。

孔隙率的变化范围为 0~1,当孔隙率为 0 时,说明这种碎石没有孔隙,则对回淤没有影响,模量数折减系数 $\beta=1$;当孔隙率为 1 时,说明碎石的孔隙远大于碎石的体积,则模量数折减系数 $\beta\approx0$。因此,构造如下的模量数折减系数计算公式:

$$m_s = m_0 \cdot \left(\frac{\rho_0}{\rho_s}\right)^{\Psi \cdot \frac{n}{1-n}} = m_0 \cdot \left(\frac{\rho_0}{\rho_s}\right)^{\Psi \cdot e_0} \tag{6-20}$$

式中: m_s——含淤垫层的模量数;

m_0——没有回淤的碎石垫层的模量数;

ρ_0——纯水的密度(kg/m^3);

ρ_s——回淤水体的密度,一般在$(1\sim1.4)\times10^3 kg/m^3$之间;

n——碎石垫层的孔隙率,一般在 $0\sim1$ 之间;

Ψ——计算常数;

$e_0 = n/(1-n)$——碎石垫层的孔隙比,取值为范围为 $0\sim\infty$。

对含淤垫层的应变计算公式可改写为:

$$\varepsilon_s = \left(\frac{\rho_s}{\rho_0}\right)^{\psi \cdot e_0} \frac{1}{m_0 j}\left[\left(\frac{\sigma_1}{\sigma_r}\right)^j - \left(\frac{\sigma_0}{\sigma_r}\right)^j\right] \tag{6-21}$$

假定碎石垫层的总厚度为 h_0,对深中通道项目来说,$h_0=1m$,根据前述的回淤试验获得的表层 h_N 高度范围内为含淤垫层的厚度。因此,碎石垫层的沉降在不考虑回弹再压缩受力状态时的计算公式为:

$$s = \int_0^{\beta_N \cdot Q_d \cdot d} \varepsilon_s \cdot dz + \int_{\beta_N \cdot Q_d \cdot d}^{h_0} \varepsilon \cdot dz \tag{6-22}$$

$$s = \int_0^{\beta_N \cdot Q_d \cdot d}\left\{\left(\frac{\rho_s}{\rho_0}\right)^{\psi \cdot e_0}\frac{1}{m_0 j}\left[\left(\frac{\sigma_1}{\sigma_r}\right)^j - \left(\frac{\sigma_0}{\sigma_r}\right)^j\right]\right\}\cdot dz + \int_{\beta_N \cdot Q_d \cdot d}^{h_0}\frac{1}{m_0 j}\left[\left(\frac{\sigma_1}{\sigma_r}\right)^j - \left(\frac{\sigma_0}{\sigma_r}\right)^j\right]\cdot dz$$

$$\tag{6-23}$$

式中: s——碎石垫层的沉降;

h_0——碎石垫层的总厚度;

β_N——纳淤强度与回淤强度比,对 $2\sim4cm$ 碎石为 0.6,对 $5\sim6cm$ 碎石,取 0.9,这个数据为试挖槽的统计回归值,适用于回淤天数不超过 20d 的情况;

Q_d——回淤期间的平均回淤强度(m/d),一般取值范围 $0.01\sim0.03m/d$;

d——回淤的天数,适用于回淤天数不超过 20d 的情况,即 $d\leq20$;

m_0——没有回淤的碎石垫层的模量数,需要根据模型试验反演分析;

ρ_0——纯水的密度(kg/m^3);

ρ_s——回淤水体的密度,一般在$(1\sim1.4)\times10^3 kg/m^3$之间;

ψ——计算常数,需要根据模型试验反演分析;

$e_0 = n/(1-n)$——碎石垫层的孔隙比,取值范围为 $0\sim\infty$,本项目取 0.887。

如考虑回弹再压缩受力,利用计算公式及相应的物理模型试验反演获得相应受力阶段的 m_0 值和 ψ 值即可。

为验证上述理论的合理性,目前正在开展海水密度分别是 $1000kg/m^3$、$1100kg/m^3$、$1200kg/m^3$、$1300kg/m^3$ 的含淤垫层的一维压缩加载试验。

根据前述的理论方法,进行参数回归和分析,可以得到 $m_0 = 337.5$,$\Psi = 3.5$,$j = 0.37$。将试验获得的各含淤垫层的模量数反演值与实测值进行,对比结果见表6-5。

不同海水密度条件下对比　　　　表6-5

海水密度(kg/m³)	模量数实测 m_s	模量数反演 m_s	误差(%)
1000	337.5	337.5	0
1100	232.0	251.0	8.1
1200	206.0	192.0	−6.8
1300	184.0	158.0	−14.3

从表中可以看出,总体反演和实测误差在15%以内,证明了上述分析理论的实用性。

6.2.4 小结

依托大量室内试验与现场试验、理论研究,建立了DCM复合地基承载力与沉降计算方法、块石振密层沉降计算方法和含淤碎石垫层沉降计算方法。

(1)提出了考虑回淤强度、回淤时间、回淤物重度及碎石孔隙率等参数的含淤垫层沉降计算方法;

(2)基于陆地振密试验及振后静载试验,给出了考虑激振力、振密时长、块石层厚度等参数的块石垫层单位时间振沉量、累计振沉量及不同时刻的变形模量计算公式;

(3)依托现场荷载板试验及类似工程经验,提出了考虑时间效应的深层水泥土搅拌桩复合地基沉降计算方法。

6.3　考虑时间效应的长期沉降预测研究

6.3.1　长期沉降计算理论与预测研究

根据日本的长期观测数据,DCM的无侧限抗压强度与时间的lg函数呈现线性变化趋势。根据深中通道相同位置不同时间设计强度的比较,得出适用于深中通道的100年内的无侧限抗压强度 q_T 与使用天数 T 的关系公式为:

$$q_T = q_{60} + 1.648 \times (\lg T - \lg 60)$$

对于设计强度1.6MPa的DCM,则可简化换算为与使用时间 $t(s)$ 的关系:

$$q_\mathrm{t} = 1.648 \times \lg(t/86400) - 1.33$$

对于设计强度 1.2MPa 的 DCM,则可简化换算为与使用时间 $t(\mathrm{s})$ 的关系:

$$q_\mathrm{t} = 1.648 \times \lg(t/86400) - 1.73$$

根据桩身变形模量与无侧限抗压强度的关系,可以获得任意时刻的桩身变形模量的数值:

$$E_\mathrm{p} = 100 \times q_\mathrm{t} = 100[q_{60} + 1.648(\lg T - \lg 60)]$$

对桩端持力层较好的刚性桩复合地基,采用简单线性共同作用方法,计算桩的沉降,将其沉降作为加固区沉降(杨光华,2017),具体公式见前文。

考虑桩身变形模量的时间效应,获得任意时刻的桩身变形模量,代入沉降计算公式,求得地基沉降。

6.3.2 考虑汽车动力荷载的沉降预测

1) 考虑主应力轴循环旋转的沉降计算方法

交通荷载作用下沉管隧道土体将产生附加变形,主要表现为工后沉降及不均匀沉降,进而影响到沉管隧道实际使用性能及寿命。交通荷载作用下,地基土体中会发生主应力轴连续循环旋转,也会产生附加应力,导致土体变形模量衰减,从而增大地基土累积变形,现有的分层总和法在计算时没有考虑主应力轴旋转引起的土体模量衰减对沉降计算的影响。对于海底沉降隧道来说,由于管节采用预制拼装,对整体沉降和不均匀沉降敏感度高,这就要求沉降计算结果要精确,留足阈值。

目前,国内外学者对循环交通荷载作用下软黏土的长期沉降研究主要有两种方法:一是经验拟合法,即通过室内外试验,研究土体强度和变形模量的变化,进而考虑其对变形的影响;如 Yasuhara(1992)通过研究循环荷载下正常固结土的动强度表明,动强度随着应变的不断增加逐渐降低,变化曲线为双曲线,但他的研究认为频率的改变不影响动强度的变化;刘飞禹(2008)通过室内动三轴实验,研究循环荷载作用下软土动弹性模量的衰减规律,通过对试验结果进行回归分析,得到了软黏土在循环荷载作用下动弹性模量衰减的经验公式。为描述饱和黏土在大主应力方向的循环荷载作用下孔压不断上升,致使土体刚度软化,动弹性模量逐渐减小,土体变形不断增加的现象,Idriss 等人(1978)提出了软化指数概念,并建立了软化指数与循环次数之间的表达式;周建(2000)通过应力控制的循环三轴试验定义了描述土体循环应变软化的软化指数,建立了反映各影响因素下土体的软化模型,并进行了验算;也有的学者直接建立累积塑性应变与循环周次关系的拟合方程,再结合分层总和法来预测沉降,如 Monismith(1975)提出的指数模型;张勇(2009)通过以交通荷载为背景的饱和重塑软黏土室内不排水动三轴试验,研究了循环荷载作用下饱和重塑软黏土的累积塑性应变发展形态,并提出了累积塑性应变拟合模型,这类模型很难综合反映多因素的影响,且由于没有考虑初始静应力和循环动应力的影响,参数取值的离散性大,计算结果往往与实测的误差较大。

2) 沉降修正系数的提出

从当前被广泛应用的沉降计算方法——分层总和法的计算公式出发,分层总和法计算公式为:

$$S = \sum_{i=1}^{n} \frac{\Delta \sigma_{si}}{E_{si}} H_i \tag{6-24}$$

从式中可以看出,沉降量 S 将随土体模量 E_{si} 的减小而增大,因此,我们可以定义修正系数来考虑由模量衰减造成沉降增大的影响。修正后的分层总和法计算式为:

$$S = \phi \sum_{i=1}^{n} \frac{\Delta \sigma_{si}}{E_{si}} H_i \tag{6-25}$$

式中:S——沉降量;
ϕ——修正系数;
$\Delta \sigma_{si}$——某一土层附加应力;
E_{si}——土层压缩模量;
H_i——土层厚度。

修正系数 ϕ 采用下式计算:

$$\phi = \frac{1}{n^b} \int_1^n b \frac{G}{G_d} N^{b-1} dN \tag{6-26}$$

式中:G——初始剪切模量;
G_d——动剪切模量;
N——循环周次;
b——与土性质相关的拟合参数,可按表 6-6 取值。

参数 b 取值范围 表 6-6

参　　数	土 的 分 类			
	ML	MH	CL	CH
范围	0.06~0.17	0.08~0.19	0.08~0.30	0.12~0.34
平均值	0.10	0.14	0.19	0.23

注:ML-低液限粉土;MH-高液限粉土;CL-低液限黏土;CH-高液限黏土。

6.3.3 小结

经过理论研究,建立了考虑长期时间效应的沉降预测方法,引入了考虑汽车动力荷载的沉降预测方法。

(1)考虑桩身变形模量的时间效应,获得任意时刻的桩身变形模量,代入沉降计算公式,求得任意时刻的地基沉降。

(2)以分层总和法为基础提出了车辆荷载作用下地基沉降计算新方法,引入了沉降修正系数,并给出了沉降修正系数的计算公式。

第 7 章　总结与展望

7.1　主要结论

深中通道是我国首次大规模应用海上深层水泥搅拌桩作为沉管隧道地基处理工法的超级工程。该工程深层水泥土搅拌桩处理体积超过 70 万 m^3，规模宏大，处理范围既包括西岛斜坡段采砂坑内的深厚软弱地基，也包括沉管中间段的软弱粉质黏土层。设计要求 DCM 处理深度达到全风化岩层顶面，穿越地层种类多，施工工艺控制要求高。本项目作为国家"十三五"重点建设项目，也是国内外关注度极高的超级工程，工程质量及受力性能容不得有半点风险。系统总结了"DCM 复合地基 + 块石振密 + 碎石垫层"组合基础设计、施工、监测检测与反分析中的有益经验，得到了如下结论：

（1）在基础设计方面，结合深中通道沉管隧道全线的建设条件、工程地质与水文地质等条件，经过充分论证分析，确定了基础设计的沉降控制标准等边界条件；之后对桩基础（钢管复合桩、预应力管桩）、地基加固（挤密砂桩基础、深层水泥土搅拌桩基础）进行了综合经济技术比选，重点关注地层性质的适应性、沉降控制能力、施工技术与设备的成熟度、工程造价等相关指标，最终确定了采用"DCM 复合地基 + 块石振密 + 碎石垫层"组合基础。

（2）在现场试验方面，为了获得关键设计、施工工艺参数，开展了水泥配合比及强度试验、DCM 复合地基原位荷载试验、块石垫层路堤振密试验、考虑纳淤影响的碎石垫层模量试验，确定水泥掺量、DCM 复合地基桩土应力比、变形模量、块石垫层与碎石垫层变形模量等关键参数，为设计与施工提供技术支持。

（3）在施工工艺方面，系统总结了 DCM 施工工艺、块石振密施工工艺、碎石垫层施工工艺的工艺流程、施工装备研发历程，凝练了现场实施的关键技术要点与有益经验，为后续施工或类似项目提供了技术储备。

（4）以代表断面为例，总结了"DCM 复合地基 + 块石振密 + 碎石垫层"组合基础的沉降变形规律，并通过数值模拟进行了反分析，预测了后期沉降，验证了目前关键参数与分析方法的合理性。

（5）在现有 DCM 复合地基受力机理、承载力与沉降计算方法理论的基础上，进行理论提升，推导了 DCM 复合地基、块石振密层和碎石垫层沉降计算公式，建立了考虑汽车动力荷载的修正分层总和法计算公式，为保障沉管隧道建设与运营安全提供了重要保障。

7.2 未来展望

随着中国经济的不断发展和进步,国家"一带一路"建设对水、陆、空交通运输在安全、快捷、舒适和经济等方面提出了更高的要求。大连湾海底沉管隧道、南昌二七过江通道、襄阳东西轴线沉管隧道和佛山伦桂路沉管隧道等工程的相继开工建设,必将助推沉管法隧道修建技术的快速发展。展望未来,修建世界级跨江越海超级工程,沿海城市发展与岛屿国家交通建设,以及建设海上丝绸之路快速通道等领域、地域和水域,沉管法隧道较盾构隧道具有断面布置形式灵活、断面利用率高、接头防水性能好、整体结构安全性高、多场区平行施工速度快、桥岛隧组合多样且经济、通行能力强等独特优势,必将在中国乃至世界范围内得到突飞猛进的发展。

参 考 文 献

[1] 傅琼阁.沉管隧道的发展与展望[J].中国港湾建设,2004(5):53-58.

[2] 杨文武.沉管隧道工程技术的发展[J].隧道建设,2009,29(4):397-404.

[3] 谢雄耀,张乃元,周彪.沉管隧道基础处理技术发展与展望[J].施工技术(中英文),2022,51(7):1-9.

[4] 诸峇,徐炜家,张鹏,等.上海市外环沉管隧道基础处理技术研究[J].城市道桥与防洪,2008(11):105-107+10.

[5] 彭瑞.水泥深层搅拌技术的发展现状及展望[J].中国港湾建设,2009(2):77-82.

[6] 潘树杰,张伟,陈小强.海上深层水泥搅拌技术在香港的应用[C]//中国土木工程学会.中国土木工程学会2019年学术年会论文集.2019:669-678.

[7] 贺迎喜,李汉渤,张克浩,等.水泥加固海相淤泥室内配比试验与现场工艺试桩[J].水运工程,2018(7):35-40+76.

[8] 崔斌.深层搅拌桩在海堤路基处治中的应用[J].湖南交通科技,2008,34(4):80-83+93.

[9] 宋神友,陈伟乐,金文良,等.深中通道工程关键技术及挑战[J].隧道建设(中英文),2020,040(1):143-152.

[10] 付佰勇,师启龙.深层水泥搅拌桩承载特性研究进展分析[J].中国港湾建设,2021,41(4):29-31+76.

[11] 殷天军,宁华宇,寇晓强.深中通道沉管基础水下深层水泥搅拌桩应用全过程探讨[J].中国港湾建设,2022,42(7):11-16.

[12] 陈智军,寇晓强,岳长喜,等.深中通道DCM复合地基承载特性及变形规律[J].中国港湾建设,2022,42(9):35-39.

[13] 邹春晓,付院平.DCM深层水泥拌合船舶发展及前景分析[J].中国港湾建设,2020,40(6):70-74.

[14] 彭刚.海上深层水泥拌桩施工质量控制措施[J].珠江水运,2021(6):90-93.

[15] 刘志军,胡利文,卢普伟,等.海上深层水泥搅拌法关键施工技术与试验研究[J].施工技术,2019,48(20):100-104.

[16] 冯波,陶润礼,缪袁泉,等.水下深层水泥搅拌法地基处理技术与应用实例[C]//2018.

[17] 夏可强,王伟.海上复杂地质条件下深层水泥搅拌桩地基加固技术[J].中国港湾建设,2020,40(7):25-29.

[18] 中交公路规划设计院有限公司,中交水运规划设计院有限公司,上海市隧道工程轨道交通设计研究院.深圳至中山跨江通道施工图联合设计 第三篇隧道 第二册沉管隧道 第三分册基础及地基加固[R].北京:中交公路规划设计院有限公司,2018.

[19] 岑文杰,吕黄,周红星,等.基于悬浮颗粒物沉淀理论DCM桩浅表砂层成桩问题分析及应对策略[J].施工技术,2018,47(增刊):178-181.

[20] 中交四航局第二工程有限公司,中交四航工程研究院有限公司.深中通道沉管隧道西侧斜坡段DCM现场试验及施工工艺研究总报告[R].广州:中交四航局第二工程有限公司,2017.

[21] Ryohei Ishikura, Hidetoshi Ochiai, Kiyoshi Omine, etc. Estimation of the settlement of improved ground with floating-type cement-treated columns[C]. Soft Soil Engineering-Chan & Law(eds). London:Taylor & Francis Group,2007.625-635.

[22] Fang,Zhen. Physical and numerical modelling of the soft soil ground improved by deep cement mixing method.[D]. Hong Kong Polytechnic University (People's Republic of China),2023.

[23] Ahmad Safuan A. Rashid a, Jonathan A. Black. Behaviour of weak soils reinforced with soil cement columns formed by the deep mixing method: Rigid and flexible footings[J]. Measurement, 2015(68):262-279.

[24] Teo Hui Juen.1-g modelling of wet deep mixing with fibres[D].ScholarBank@ NUS Repository,2017.

[25] Shui-Long Shen, Norihiko Miura, and Hirofumi Koga. Interaction mechanism between deep mixingcolumn and surrounding clay during installation[J]. Canadian Geotechnical Journal,2003,40(2):293-307.

[26] Shen Shui-long, Jiang Yong-qin, Cai Feng-xi, Xu Ye-shuang. Mechanisms of Property Changes of Soft Clays Around Deep Mixing Column[J]. Chinese Journal of Rock Mechanics & Engineering, 2005, 24(23):4320-4327.

[27] 沈水龙,许烨霜,常礼安.深层搅拌桩周围土体劈裂的研究与分析[J].岩土力学,2006,27(3):378-382,388.

[28] 沈水龙,蔡丰锡,顾伟华.有明黏土中搅拌桩施工时的孔隙水压力[J].岩土力学,2006,27(4):648-652.

[29] HE LINQIAO. SPATIAL VARIABILITY IN DEEP SOIL MIXING-CENTRIFUGE MODEL AND FIELD DATA STUDY[D]. SINGAPORE:NATIONAL UNIVERISTY OF SINGAPORE,2018.

[30] Torii K, Kawamura M. A study on the relationship between strength and pore size distribution

in compacted stabilized soils. [J]. Doboku Gakkai Ronbunshu, 1988(400):131-140.

[31] 王清,董宏志,陈慧娥.水泥固化软土的微观结构特性[J].工程地质学报,2007,15(Ⅱ):117-121.

[32] Kitazume, M., & Terashi, M. The Deep Mixing Method[M]. Tokyo: CRC Press, 2013.

[33] Samuel Jonah Abbey and Samson Ngambi. Understanding the Performance of Deep Mixed Column Improved Soils-A Review[J]. International Journal of Civil Engineering & Technology (IJCIET), 2015, 6(3):97-117.

[34] 梶原優一,日野剛德,等.深層混合処理工法における未改良部の強度と化学の主成分の変化[C].土木学会西部支部研究発表会,2010.

[35] 吉野洋一,岸本和重.深層混合処理工法における盛り上がり特性について[C].土木学会第57回年次学術講演会,2002.

[36] 沈水龙,庞晓明,等.水泥土搅拌桩的桩径分析[J].防灾减灾工程学报,2005,25(3):235-238.

[37] Lorenzo, G. A. and Bergado, D. T. New consolidation equation for soil-cement pile improved ground[J]. Canadian Geotechnical Journal. 2003, 40(2), 265-275.

[38] 吴杰,刘天福,等.软土地区超深搅拌桩加固体渗透性能研究[J].地下工程与隧道,2008,3:12-15.

[39] 吴迪.土壤与水下采挖机具的相互作用研究[D].青岛:中国海洋大学,2013.

[40] 梁邦炎.深水厚抛石基床大分层重锤夯实关键技术研究[D].广州:华南理工大学,2018.

[41] 宋二祥,付浩,郑天亮,等.DCM桩复合地基受力变形性能有限元分析[J].地基处理,2019,1(2):1-7.

[42] Jinchun Chai, Sailesh Shrestha and Takenori Hino. Failure of an Embankment on Soil-Cement Column-Improved Clay Deposit: Investigation and Analysis[J]. J. Geotech. Geoenviron. Eng., 2019, 145(9): 05019006.

[43] Hiiiri HASHIMOTO, Takahiro Y AMANASHI. Journal of the Society of Materials Science, Japan[J]. Vol. 67, No.1, pp. 47-52, Jan. 2018.

[44] Bergado D T, Taechakumthorn C, Lorenzo G A, et al. Stress-deformation behavior under anisotropic drained triaxial consolidation of cement-treated soft bangkok clay[J]. Soil & Foundation, 2006, 46(5):629-637.

[45] Pei-Chen Wu, Wei-Qiang Feng and Jian-Hua Yin, Numerical study of creep effects on settlements and load transfer mechanisms of soft soil improved by deep cement mixed soil columns under embankment load - ScienceDirect[J]. Geotextiles and Geomembranes, 2020, 48(3):

[46] Binh T. T. Nguyen, Tomohide Takeyama and Masaki Kitazume. Numerical analyses on the failure of deep mixing columns reinforced by a shallow mixing layer[C]. The 15th Asian Regional Conference on Soil Mechanics and Geotechnical Engineering. Japanese Geotechnical Society Special Publication,2014.

[47] Masaki Kitazumed, Kenji Maruyama. External stability of group column type deep mixing improved ground under embankment loading[J]. Soils and foundations, 2006, 46(3): 323-340.

[48] Tsutomu Namikawa, Junichi Koseki, and Yoshio Suzuki. Finite element analysis of lattice-shaped ground improvement by cement-mixing for liquefaction mitigation[J]. Soils and foundations, 47(3): 559-576.

[49] W. F. Van Impe, R. D. Verástegui Flores. Deep mixing in underwater conditions: a laboratory and field investigation[C]. Proceedings of the Institution of Civil Engineers-Ground Improvement, Volume 10 Issue 1, January 2006, 15-22.

[50] Pan Yutao, Lee Fook Hou. Effect of spatial variability on undrained triaxial test of cement-admixed soil[C]. The 15th Asian Regional Conference on Soil Mechanics and Geotechnical Engineering, Japanese Geotechnical Society Special Publication,2014.

[51] Sadatomo ONIMARU, Junichi KOSEKI. Dynamic Shear Strength of Improved Soil with B-Type Blast-Furnace Cement[J]. Journal of the Society of Materials Science, Japan), 2012, Vol 61, No.1,64-67.

[52] Ah-Ram Kim, Ilhan Chang. Strength and Dynamic Properties of Cement-Mixed Korean Marine Clays[J]. KSCE Journal of Civil Engineering, 2018,22(4):1150-1161.

[53] T Kasper, J. S. Steenfelt. Stability of an immersed tunnel in offshore conditions under deep water wave impact[J]. Coastal Engineering, 2018,55:753-760.

[54] 中交第一航务工程局有限公司,中交公路长大桥建设国家工程研究中心有限公司,中交第四航务工程局有限公司.深中通道西岛斜坡段DCM复合地基载荷板现场试验分析报告[R].中山,深中通道管理中心,2019.

[55] 中交一航局四航局广航局联合体深中通道项目S09合同段第一工区项目经理部,中交天津港湾工程研究院有限公司.深中通道沉管隧道振密块石层陆地DCM地基段工艺试验总结[R].中山,深中通道管理中心,2019.

[56] 中交第一航务工程局有限公司,中交天津港湾工程研究院有限公司,天津港湾工程质量检测中心有限公司.深圳至中山跨江通道DCM复合地基变形模量试验初步结果与试验方法的讨论[R].中山,深中通道管理中心,2020.

[57] Haohua Chen, Lin Li, Jingpei Li. Stress transform method to undrained and drained expansion of a cylindrical cavity in anisotropic modified cam-clay soils[J]. Computers and Geotechnics, 2019, 106:128-142.

[58] 殷建华. 从本构模型研究到试验和光纤监测技术研发[J]. 岩土工程学报, 2011, 33(1): 1-15.

[59] 傅景辉, 宋二祥. 刚性桩复合地基工作特性分析[J]. 岩土力学, 2000(4):335-339.